Lösener · Vellusig | Literarische Erfahrung

Bildung und Unterricht

Hans Lösener
Robert Vellusig

Literarische Erfahrung

Reclam

RECLAMS UNIVERSAL-BIBLIOTHEK Nr. 14615
2024 Philipp Reclam jun. Verlag GmbH,
Siemensstraße 32, 71254 Ditzingen
Gestaltung: Cornelia Feyll, Friedrich Forssman
Druck und Bindung: Esser printSolutions GmbH,
Untere Sonnenstraße 5, 84030 Ergolding
Printed in Germany 2024
RECLAM, UNIVERSAL-BIBLIOTHEK und
RECLAMS UNIVERSAL-BIBLIOTHEK sind eingetragene Marken
der Philipp Reclam jun. GmbH & Co. KG, Stuttgart
ISBN 978-3-15-014615-6

www.reclam.de

Inhalt

I Einleitung 7

II Das Dilemma der Interpretation 12

1 Erziehung zur Unmündigkeit 18

2 Routinen und Handicaps 20

Die Form-Inhalt-Interpretation: Inhaltsparaphrase und Formanalyse 20 • Risiken und Nebenwirkungen der exemplarischen Stoffvermittlung 21 • Der Fabula-docet-Reflex oder das Belehrungsmissverständnis 23 • Die lebensweltliche Banalisierung 27 • Die Fallstricke des Interpretationsaufsatzes 29

3 Alternative Wege 30

III Grundbegriffe der Poetik 33

1 Mimesis: von Personen durch Personen für Personen 33

2 Mimesis des Sprechens: Rede und Schrift 36

3 Personalität: Figur und Person 46

4 Temporalität: Vergegenwärtigung von Prozessen 56

IV Erfahrung und Interpretation 61

1 Literarische Erfahrungen 63

2 Die Kunst des Verstehens 69

Kreatives Problemlösen 70 • Interpretation und Geltungsprüfung 72

3 Die Reflexion des Erlebens 76

V Sprachausbau durch Textualität 84

1 Die Aufgabe des Deutschunterrichts 84

2 Vier Lernperspektiven 91

Sprachrichtigkeit 91 • Sprachangemessenheit 92 • Sprachmündigkeit 93 • Sprachwirksamkeit 95

VI Lernen durch Erfahrung 98

VII Erfahrungslernen in literarischen Gesprächen 104
1 Verstehen und Lernen im Dialog 104
2 Kein Richtig und kein Falsch? 106
3 Forschende Literaturgespräche 109
4 Fragen auf dem Weg zum Verstehen 116
5 Von der Exposition zur Elaboration 123

VIII Schreiben und Lesen als Erfahrungsform 127
1 Schreibformen des Verstehens 127
2 Hörend und sprechend lesen 135

IX Rückblick und Ausblick 145

Literaturverzeichnis 150
Textnachweise 164
Zu den Autoren 166

1 Einleitung

Jeder weiß, was literarische Erfahrungen sind, weil jeder, der lesen kann, sie gemacht hat, und weil es so einfach ist, sie zu machen. Es genügt, ein Gedicht zu lesen, ein Hörbuch zu hören, ein Bilderbuch anzusehen: schon stellen sich literarische Erfahrungen ein – wie vielgestaltig auch immer sie sein mögen. Und jeder weiß, dass literarische Erfahrungen für die Sozialisation in die Schriftkultur, für das literarische Lernen und die literarische Bildung von elementarer Bedeutung sind. Denn literarische Erfahrungen sind Erfahrungen glücklichen Gelingens, sie sind verbunden mit Lesegenuss, Vorleseglück und Zuhörfreuden.

All das lässt sich nun aber von der literarischen Interpretation nicht behaupten. Stehen literarische Erfahrungen für die helle Seite des literarischen Lernens, so stellt die Textinterpretation die dunkle Seite des Literaturunterrichts dar. Denn beim Interpretieren hat man es mit Deutungshypothesen zu tun, mit historischem Kontext- und Gattungswissen, mit Fachterminologie, Textbelegen und argumentativer Schlüssigkeit und natürlich mit dem Interpretationsaufsatz, der Königsdisziplin des Literaturunterrichts in der Oberstufe.

Schöne literarische Erfahrung – schreckliche Interpretation! Diesen Stoßseufzer kennen alle, die das Fach Deutsch unterrichten wollen oder es längst tun. Für sie ist dieses Buch geschrieben. Es richtet sich an *Studierende*, die wissen wollen, wie literarische Erfahrung zur Verstehensbildung führt, was literarisches Verstehen selbst zu einer beglückenden Erfahrung macht und was es dabei eigentlich zu lernen gibt. Es richtet sich an *Hochschullehrende*, die feststellen, dass Studierende literaturwissenschaftliche Fachbegriffe für Prüfungen memorieren, aber danach nichts mehr mit ihnen anzufangen wissen, und nicht zuletzt an *Lehrerinnen und Lehrer*, die Orientierung im literaturdidaktischen Denken suchen, wenn es um den Umgang mit Literatur im Unterricht geht. Dabei will der Band keine Einführung in Arbeitsfelder, Konzeptionen und Methoden des Literaturunterrichts geben; er konzentriert sich auf literarische Erfahrungen als Modus der Begegnung, des Erlebens, des Verstehens (und Nicht-Verstehens) und als Lernbereich des Deutschunterrichts.

Wir haben dieses Buch geschrieben, weil wir davon überzeugt sind, dass das ambivalente, hell-dunkle Bild des Deutschunterrichts auf einer Reihe von Missverständnissen beruht, die einer dringenden Revision bedürfen. Dringend ist diese Revision, weil die Arbeit am literarischen Verstehen im Deutschunterricht keinen guten Stand hat und weil der Literaturunterricht selbst, vor allem in den nicht-gymnasialen Schulformen, zu den akut bedrohten Spezies gehört. Denn warum soll man Schülerinnen und Schüler mit Interpretationsritualen traktieren, wenn es so viele Dinge gibt, die wichtiger und angenehmer sind als das Grübeln über Sinn und Bedeutung eines Textes? Wir haben dieses Buch geschrieben, weil wir glauben, dass die Missverständnisse, von denen noch die Rede sein wird, bereits mit der Trennung von literarischer Erfahrung und literarischem Verstehen beginnen. Wer das eine ohne das andere denkt, verkennt beides: die Spezifik der literarischen Erfahrung und den Charakter des literarischen Verstehens. Und darüber wird das eine auf individuelle Anmutungen reduziert, und vom anderen bleiben nur Pflichtübungen für

Prüfungssituationen übrig. Wir wollen zeigen, dass es anders geht und wie es anders gehen kann, wenn man die Dinge anders zu denken beginnt.

Unser Ausgangspunkt ist denkbar einfach: Wir gehen von der Literatur selbst aus und davon, was passiert, wenn man anfängt, einen literarischen Text zu lesen. Es geht darum zu erkennen, dass literarische Erfahrungs- und Verstehensprozesse eine untrennbare Einheit bilden und doch unterschieden werden müssen, wenn man die Verstehensbildung in der Erfahrung und die Erfahrungsbildung im Verstehen zu begreifen sucht. Bei unserem Versuch, die Dinge anders zu denken, knüpfen wir an den ältesten Überlegungen an, die zu diesem Thema angestellt wurden, an die *Poetik* des Aristoteles, die in ihrer Modernität immer wieder zu entdecken ist (vgl. Schmitt in Aristoteles 2011). Es sind nur wenige Begriffe und Konzepte, die man braucht, um das Zusammenspiel von Erfahrungs- und Verstehensbildung bei der Begegnung mit einem literarischen Text zu beschreiben. Auf dieses Minimum beschränkt sich der erste, literaturwissenschaftlich ausgerichtete Teil des Bandes (Kap. II–IV), der mit einer Kritik der schulischen Interpretationsroutinen beginnt, in Grundbegriffe des literarischen Verstehens einführt und Grundformen literarischer Erfahrungsbildung anhand kurzer Leseübungen erläutert. Der zweite, literaturdidaktische Teil (Kap. V–VIII) fragt nach den Lernpotenzialen literarischer Erfahrungsbildung für das sprachliche Lernen im Deutschunterricht, führt in die Didaktik der Verstehensbildung in literarischen Gesprächen ein, stellt Schreibformen vor, die beim Umgang mit Literatur Erfahrung und Verstehen miteinander in Beziehung setzen und erläutert Prinzipien und Methoden des hörenden Lesens.

Auch wenn dieser Band nichts voraussetzt, ist er selbst doch nicht voraussetzungslos. Er verdankt sich unterschiedlichen Begegnungen im Lesen und Denken. Für den literaturwissenschaftlichen Teil waren vor allem die Arbeiten von Gisbert Ter-Nedden wegweisend; für die den gesamten Band prägende Auffassung von einer Anthropologie der Sprache das Werk von Henri Meschonnic. Hinzu kommen zahlreiche andere Lektüre- und Denkwege, die hier nicht aufgezählt werden können. Ebenfalls nicht aufgeführt werden können an dieser Stelle alle lesenswerten Publikationen, die in der Didaktik zu dem Thema erschienen sind.[1] Zwei Veröffentlichungen haben das Nachdenken über literarischer Erfahrung in der Didaktik jedoch so wesentlich geprägt, dass sie nicht unerwähnt bleiben können: Kaspar Spinners Basisartikel zum literarischen Lernen in der Zeitschrift *Praxis Deutsch* aus dem Jahr 2006 (Spinner 2022, 9–37) und Christoph Bräuers und Bernhard Ranks 2008 erschienener Aufsatz *Literarische Bildung durch literarische Erfahrung* (Bräuer/Rank 2008). Der Erfahrungsbegriff ist nicht nur in Spinners Beitrag zu den elf Aspekten des literarischen Lernens allgegenwärtig (vgl. Lösener in Spinner 2022, 217 ff.); die in ihm erwogene Frage, wie Er-

1 Für eine weiterführende Auseinandersetzung unter literaturdidaktischer Perspektive empfiehlt sich die Lektüre des Aufsatzes von Christoph Bräuer und Maja Wiprächtiger-Geppert (2019) sowie die Beiträge von Ulf Abraham und Thomas Zabka im *Taschenbuch des Deutschunterrichts* (Abraham 2010, Zabka 2010), der Artikel von Nicola Mitterer und Werner Wintersteiner in der Zeitschrift *Leseräume* (2015), die Untersuchung von Tanja Stiller zur *Literarästhetischen Verstehenskompetenz in der Grundschule* (2017) oder auch die Studie von Carlo Brune (2020).

fahrung und Verstehen einander im Literaturunterricht bereichern können, ist auch für Bräuer und Rank zentral. Der vorliegende Band verfolgt ein ähnliches Ziel, beschreitet dabei aber neue Wege.

II Das Dilemma der Interpretation

Bereits 1964 hat die amerikanische Schriftstellerin Susan Sontag ein leidenschaftliches Plädoyer *Against Interpretation* gehalten. Es wendet sich nicht pauschal gegen den Versuch, literarische Texte zu verstehen, sondern gegen eine bestimmte Art von interpretatorischer Praxis. Sontag hat ein Verfahren im Sinn, das einzelne Elemente des Textes aus dem Werkganzen isoliert und semiotisch entschlüsselt: »Die Arbeit der Interpretation ist im Grunde eine Übersetzungsarbeit. Der Interpret sagt: Schaut her, seht ihr nicht, dass X in Wirklichkeit A ist – oder bedeutet? Dass Y in Wirklichkeit B ist? Dass Z in Wirklichkeit C ist?« (Sontag 2008, 179).

Nun ist die Praxis, von der Susan Sontag spricht, so alt wie die Praxis der Interpretation selbst: Sie steht am Ursprung eines Konflikts, der mit der griechischen Aufklärung in die Welt kam und der als solcher unhintergehbar ist. Was Susan Sontag Interpretation nennt, ist eine kulturelle Praxis, die nach der »gegenwärtigen Brauchbarkeit [*seemliness*]« eines Textes fragt, dessen Sprache ihr fremd geworden ist (ebd.). In ihr dokumentiert sich ein elementarer Konflikt: der Konflikt zwischen der »ästhetischen Vergegenwärtigung« der Welt in Gestalt von Bildern, Figuren und Geschichten und ihrer »theoretischen Durchdringung« in Form begrifflicher Abstraktionen (Ter-Nedden 1987, 26). Er ist zugleich ein Konflikt zwischen dem, was eine entfaltete Schriftkultur zu denken vermag, und den Weltdeutungsmustern oraler oder protoliteraler Kulturen (vgl. Ong 1987, Havelock 1990, Schlaffer 1990). Die Sprache des Mythos, die der naturwissenschaftlich aufgeklärten Antike fremd wurde, ist die Sprache des Erzählens und seiner personalen, personzentrierten Weltdeutung. Sie prägt noch unsere Alltagssprache und geht allen wissenschaftsförmigen Weisen der Weltaneignung voraus. Aufklärung war und ist ein Prozess der Desillusionierung dieses ichhaften Welterlebens und seiner naiven Intuitionen, die Unterscheidung zwischen der Art und Weise, wie wir die Welt *erleben*, und dem, was wir über die Welt *wissen* und mit guten Gründen behaupten können.

Der Konflikt zwischen einer *prosaisch-wissenschaftlichen Kultur* und einer *literarisch-ästhetischen Kultur* ist für das Projekt, das wir hier verfolgen, zentral, denn von der Frage, wie sich das, was sich uns in der Sprache der Bilder, Figuren und Geschichten mitteilt, in die Sprache des Begriffs übersetzen lässt, ist die *Literaturwissenschaft* in besonderem Maße herausgefordert – besteht ihre Aufgabe doch gerade darin, die Artikulationsleistung der poetischen Mimesis, emphatisch gesprochen: die »Lebenswahrheit« der Dichtung (Bruner 1997, 77), zu reflektieren und begrifflich einzuholen. Diese Herausforderung gibt sie an die *Literaturdidaktik* weiter. In der Schule begegnet sie als Konflikt zwischen der Erfahrung, die wir in der Begegnung mit literarischen Texten machen, und der Frage, wie sich literarische Texte (auf literaturwissenschaftlich angeleitete Weise) interpretieren lassen.

Die Dichter haben sich in diesem Konflikt auf die Seite der Schüler geschlagen: »Die Lektüre«, so Hans-Magnus Enzensberger, »ist ein anarchischer Akt. Die Interpretation, besonders die einzig richtige, ist dazu da, diesen Akt zu vereiteln« (Enzensberger 1976, 432). Enzensbergers Klage ist *überholt* und doch weiterhin *bedenkenswert*. Überholt ist sie, weil der Literaturunterricht die »*idée fixe*« von der »richtigen Interpretation« (ebd.) längst hinter sich gelassen hat. Er versucht, *Rezeption* und *Interpretation* gleichermaßen ins Recht zu setzen, und verfolgt zwei voneinander unterschiedene Ziele: Einerseits geht es ihm um den Inhalt und die Form von Texten, die *objektiv* gegeben sind und die sich deshalb auch objektiv beschreiben lassen, andererseits um die je individuelle Lektüreerfahrung, die immer *subjektiv* ist und über die sich deshalb nur sprechen lässt, wenn man über sich selbst spricht. Interpretieren ist das, was man lernen kann und was dem Deutschunterricht auch aufgegeben ist; Erfahrungen aber sind und bleiben Privatsache, die sich als Erfahrungen nicht oder nur sehr bedingt schulen lassen.

Enzensbergers Klage ist also überholt; gleichwohl wäre es verfehlt, sie ad acta zu legen. Bedenkenswert bleibt sie, weil die literaturdidaktische Antwort auf die Klage der Schüler, zu deren Sprachrohr sich der Dichter macht, Gefahr läuft, den Prozess des Verstehens und die Erfahrungen, die Lesende in der Begegnung mit literarischen Texten machen, voneinander zu trennen. Der Literaturunterricht, so Christine Garbe, soll den Schülern einen Sinn für literarische Darstellungstechniken und Darstellungsintentionen vermitteln, damit sie in der Lage sind, Texte zu analysieren und zu interpretieren; und er soll sie dazu ermutigen, das »Beteiligungsangebot«, das literarische Texte ihnen machen, kreativ zu nutzen und so das »wertvolle Potenzial von Literatur« zu bewahren (Garbe 2020, 93). Es liegt nahe, diese beiden Lernziele getrennt voneinander zu verfolgen: in Form von »Gesprächen *über* Literatur« einerseits und »literarischen Gesprächen« andererseits (vgl. ebd., 94f.). Im ersten Fall ist die Lehrperson kraft ihrer wissenschaftlichen Kompetenz »im Besitz der ›richtigen‹ Analyse und Interpretation des Textes«; im anderen Fall versteht sie sich als gleichberechtigter Gesprächsteilnehmer, für den es eine »Deutungshoheit« über den Text nicht geben kann und nicht geben darf (ebd., 95; vgl. Zabka 2015).

Das vorliegende Buch versucht das zu vermeiden. Es will zeigen, dass die *literarische Erfahrung* und das *Verstehen* literarischer Texte Teile ein- und desselben Prozesses sind, es versucht den *Prozess des Verstehens als Prozess der Erfahrung* zu denken und es möchte deutlich machen, dass eben darin die *Besonderheit literarischer Verstehensprozesse* liegt.

Diesem Gedanken liegt ein Literaturverständnis zugrunde, das sich nicht von selbst versteht. Üblicherweise werden literarische Texte als fiktional, selbstreferenziell und mehrdeutig charakterisiert (vgl. Baasner/Zens 2005, 11–15; Garbe 2020, 92); das aber sind, wie noch zu zeigen sein wird, sekundäre Phänomene. Dichtung ist im Kern nicht dadurch gekennzeichnet, dass sie fiktive Welten darstellt (und die Lizenz hat, das zu tun) oder von sprachlichen Normen abweicht (ohne dafür sanktioniert zu werden): Sie ist – mit Aristoteles zu sprechen: Darstellung *von* etwas *in* etwas *auf bestimmte Weise*, also »etwas Relationales« (Schmitt in Aristoteles 2011, 95): Wer eine literarische Darstellungsleistung nachvollziehen möchte, hat nicht nur den dargestellten Gegenstand zu erkennen, sondern muss sich von der Weise der Darstellung auch dazu anleiten lassen, sich zu ihm in ein Verhältnis zu setzen. Der Prozess des Verstehens hat deshalb, wie Arbogast Schmitt betont, immer auch eine emotionale Dimension: »Wer nicht begreift, dass Ödipus, indem er den Mörder des Laios verflucht, zugleich sich selbst verflucht, wird nicht nur nicht in Furcht um ihn geraten, er wird überhaupt nicht emotional bewegt sein« (ebd.; vgl. 198 ff.).

Darstellung von etwas in etwas auf bestimmte Weise: Die moderne Literaturtheorie hat sich darauf beschränkt, dieses Von-Etwas der Literatur als ihr »Aboutness« (Arthur C. Danto) zu bezeichnen. Literarische Texte handeln von etwas. Aber das ist so wahr wie nichtssagend. Die hier vorgeschlagene Antwort auf die Frage nach dem, was »das erste« (Aristoteles 1982, 5) ist, was sich über Literatur sagen lässt und über Literatur gesagt werden muss, ist schlichter, aber dezidierter: Fürs Erste mag es reichen zu sagen: Literarische Texte sind »verbale Zweitfassungen« des einzel- und zwischenmenschlichen Lebens, Erlebens und Handelns (Ter-Nedden 1997/98, 209). Ihr Gegenstand sind Handelnde und Handlungen. Sie vergegenwärtigen Weisen, Person zu sein und sich als Person zu sich selbst und anderen handelnd zu verhalten. Darin liegt ihre *unaufhebbare Subjektivität* (und zugleich auch ihre Unverzichtbarkeit). Und weil das so ist: weil literarische Texte personales Leben und Handeln vergegenwärtigen, ist die *literarische Erfahrung* selbst das erste und vielleicht auch das einzige Tor zur Literatur.

Nun ist die Frage, was das Erste und Grundlegende der Literatur ist, mit der Frage nach dem Ersten und Grundlegenden des Literaturunterrichts nicht identisch – sie liegt ihr voraus und zugrunde. Die Frage des Literaturunterrichts ist die Frage, auf welchem Weg Lehrende Lernende mit literarischen Texten vertraut machen und ihnen die Möglichkeit und den Spielraum erschließen, diese eigenständig zu erkunden. Die literaturtheoretischen Orientierungen können in ihr aber nicht umstandslos thematisiert, sie müssen zunächst vorausgesetzt werden. Das ist vielleicht der Grund, weshalb ein »Gespräch über Literatur« die Schüler zu überfordern und zu übervorteilen droht. Nicht (nur) ein privilegiertes Wissen, nicht (nur) eine Deutungshoheit – eine *andere Sprache* trennt Lehrende und Lernende voneinander (vgl. Kap. VII.2).

Martin Wagenschein hat diese Sprache die »Sprache des Verstandenen« genannt und von der »Sprache des Verstehens« unterschieden (vgl. Ruf/Gallin 2011, 25). Die *Sprache des Verstandenen* ist die Sprache, die jemand spricht, dem sich sein Gegenstand begrifflich erschlossen hat. Es ist die Sprache der Experten, die wissen, was Sache ist, die wissen, wovon sie sprechen, und die gelernt haben, das diszipliniert zu tun. Die Sprache des Verstandenen ist geprägt durch das begriffliche Inventar, mit der eine Disziplin ihren Gegenstand konturiert. Die *Sprache des Verstehens* hingegen ist die Sprache, mit der man unvertrautes Terrain erkundet – eine tastende Kontaktnahme, die auf die Lizenz angewiesen ist, ins Blaue hinein zu formulieren, eine »Sprache im Fluss«, »im Gespräch geschaffen und weiterentwickelt«, durchdrungen »von persönlichen Erfahrungen und Erlebnissen« (ebd.).

Die Sprache des Verstandenen ist einer Karte vergleichbar, die es den Erfahrenen und Kundigen erlaubt, sich in einem Gebiet zurechtzufinden und Wege des Verstehens zu bahnen. Schüler aber müssen allererst lernen, dass es solche Karten gibt, und sie müssen lernen, sie zu benutzen. Zunächst sind sie auf eigene Faust unterwegs und das erste Lernziel des Literaturunterrichts kann deshalb nur darin bestehen, die Schüler auf ihren Streifzügen kundig zu begleiten, damit sie zweierlei lernen: dass es sich überhaupt lohnt, sich im Gebiet der Literatur umzutun, und dass es vielleicht sogar gewinnbringend ist, die Karte der Literaturwissenschaft kennenzulernen. Nur wer sich auf die Sprache des Verstehens einlassen darf, kann auch einen Sinn dafür entwickeln, dass es sich lohnt, die Sprache des Verstandenen zu erlernen.

Der erste Teil des Buches ist den Kartierungsversuchen der Literaturwissenschaft gewidmet und der Kunst, die Karten der Disziplin sinnvoll zu nutzen. Der zweite Teil gilt der Erschließung des Gebiets, der Literaturvermittlung im Rahmen eines integral konzipierten Deutschunterrichts, und den Herausforderungen, vor die Lehrerinnen und Lehrer gestellt sind.

1 Erziehung zur Unmündigkeit

Die Schulung des Umgangs mit dem Gegenstand beginnt mit der Förderung des Interesses für den Gegenstand. Nur sie erlaubt es, *authentische Erfahrungen* mit diesem Gegenstand zu machen. Auch deshalb steht am Anfang des Literaturunterrichts die *literarische Erfahrung*. Das Mittel der Wahl, sie zu fördern, liegt im Versuch, sie zur Sprache zu bringen und sich dem zuzuwenden, was befremdet oder fasziniert, was unverständlich ist oder unmittelbare Resonanz erzeugt. Fragend entwickelte Unterrichtsgespräche stehen im Verdacht, diese Begegnung mit dem Gegenstand zu verhindern. Nicht zu Unrecht, aber die Barrieren, die sich im Literaturunterricht etabliert haben, sind größer, als es auf den ersten Blick den Anschein hat. Sie sind Teil des didaktischen Brauchtums und sie gehören zu den Vorgaben, die nicht nur in vielen Interpretationshilfen, sondern auch in den Lehrplänen und den Erwartungshorizonten für das Abitur anzutreffen sind.

Wenn hier von einer Erziehung zur Unmündigkeit die Rede ist, dann gilt diese Klage einem Dilemma, vor dem, wer Literatur und Lernende liebt, die Augen nicht verschließen darf: Der Literaturunterricht soll zum Verstehen literarischer Texte anleiten und das Verständnis literarischer Texte fördern – die Praxis aber zeigt, dass er nicht selten das Gegenteil erreicht. Allzu oft tragen die Lernformate des Literaturunterrichts selbst zur Unmündigkeit des Verstehens bei. Die Muster des Interpretierens lassen den Schülern wenig Raum, ihre eigenen Erfahrungen zur Sprache zu bringen oder, grundlegender noch: eine solche Sprache zu entwickeln.

Die Unmündigkeit, in die die Schüler interpretierend geraten, zeigt sich zunächst daran, dass sich ihre Aufmerksamkeit unwillkürlich vom Text auf die Lehrperson verschiebt. Fragen nach dem Verständnis des Textes oder einzelner Passagen werden von den Schülern als Prüfungsfragen wahrgenommen. Sie richten ihre Aufmerksamkeit nicht auf den Text, sondern versuchen zu ergründen, was der Lehrer von ihnen hören möchte. Sie unterstellen, dass es da ein Wissen gibt, das der Lehrer hat und sie selbst auch haben sollten. Einen Text zu verstehen, bedeutet dann, die Fragen des Lehrers richtig zu beantworten. Dieses Missverständnis trennt die Schüler von ihren Leseerfahrungen und provoziert die Vorstellung, dass die eigene Interpretation nur in seltenen Fällen die richtige Interpretation ist.

2 Routinen und Handicaps

Die Form-Inhalt-Interpretation: Inhaltsparaphrase und Formanalyse

Die ängstliche Orientierung an der Erwartung des Lehrers zeigt, wie schwer es ist, die Selbständigkeit der Schülerinnen und Schüler zu fördern, ohne sie zu gängeln. Das Literaturverständnis, das den Unterricht prägt, macht die Aufgabe nicht leichter. Nicht selten stützen sich Lehrende auf ein Verständnis von Literatur, das zwischen dem *paraphrasierbaren Inhalt* eines Textes und dessen *formalen Merkmalen* unterscheidet. Diese Form-Inhalt-Unterscheidung hat sich im Deutschunterricht als besonders krisenfest erwiesen (vgl. Lösener 2009). Sie verbindet die Verständigung über das, was der Text ›eigentlich‹ sagt, und die Klärung dessen, was in der fiktiven Welt der Fall ist, mit der Analyse seiner literarischen Techniken. Das geschieht z. B. dadurch, dass man ein Gedicht zunächst metrisch und rhetorisch analysiert und dann die poetischen Bilder paraphrasiert oder nach dem Modell »A steht für B« (oder »A meint eigentlich B«) auflöst. Die Kunst der Interpretation besteht dann darin, die vom Inhalt zunächst unterschiedene Form des Textes wieder auf seinen Inhalt zu beziehen und danach zu fragen, in welchem Verhältnis Inhalt und Form zueinander stehen. So wird »das im Gedicht Gesagte auf ein Gemeintes reduziert« (ebd., 21).

Diese Form-Inhalt-Interpretation kann im glücklichen Fall zwar lehren, wie man literarische Texte analysiert; was es heißt, literarische Texte zu verstehen, wird damit aber nicht geschult. Analysen sind keine Interpretationen; sie *beschreiben* literarische Texte und klassifizieren sie mithilfe textanalytischer Kategorien, aber sie interpretieren sie nicht, d. h. sie geben keine Antwort auf die Frage, weshalb literarische Texte so sind, wie sie sind. Weshalb Texte so sind, wie sie sind, kann man ihnen nicht ansehen; dazu bedarf es eines Deutungshorizonts, der mit der noch so genauen Beschreibung des Textes nicht identisch ist (vgl. Kindt 2015).

Risiken und Nebenwirkungen der exemplarischen Stoffvermittlung

Wenn die Schüler den Eindruck haben, dass die Lehrer etwas wissen, das ihnen verborgen ist, dann haben sie damit durchaus recht. Denn die schulische Interpretation vermittelt nicht nur textanalytisches Wissen, sondern auch kanonische Deutungen kanonischer Texte. Die Auseinandersetzung mit literarischen Texten ist deshalb in nicht zu unterschätzendem Maß Teil der Stoffvermittlung. Vermittelt werden dabei nicht nur kanonische Deutungen, sondern auch Deutungshorizonte: Handbuchwissen über literarische Epochen und Strömungen, literarische Gattungen und Autoren. – Das ist als solches nicht falsch, ganz im Gegenteil. Die Vermittlung von Sinnhorizonten, die es erleichtern, einen Text verständnisvoll nachzuvollziehen, droht aber immer auch, Versatzstücke des Verstehens zu generieren, die den Blick auf den einzelnen Text eher verstellen, als ihn zu schärfen.

Ricarda Freudenberg (2012) hat auf diese Risiken und Nebenwirkungen aufmerksam gemacht, die das Vorwissen beim literarischen Verstehen hat: Die Vermittlung von literarhistorischem Epochenwissen kommt bei den Schülern nicht als »Erfahrungshorizont« an. Sie haben den Eindruck, dass sie das Wissen, das ihnen vorab vermittelt wurde, im Text wiederfinden sollen. So wird das, was als *Verständnishilfe* gedacht war, zur *Verständnisbarriere*. Denn Verstehen hat damit zu tun, dass man mit etwas vertraut wird. Dieser Prozess lässt sich durch die Vermittlung von literarhistorischem Hintergrundwissen nur mangelhaft kompensieren; mehr noch: die kompensatorische Vermittlung von Epochenwissen hat durchaus fatale Folgen. Das im Unterricht vermittelte Wissen über die literarische Epoche (oder auch über eine literarische Gattung) soll das Vertrautwerden der Schüler mit der Literatur der Epoche oder mit einer literarischen Gattung ersetzen. Ein einzelner literarischer Text wird so aber zum Sammelbecken, in dem sich all jene Merkmale finden, die sich als epochen- oder gattungsspezifisch ausweisen lassen. Deshalb verstehen Schüler die Aufgabe der Interpretation so, als ginge es darum, den Stoff im Exempel wiederzufinden. Der Prozess der lesenden Annäherung an eine literarhistorische Epoche oder eine literarische Gattung wird nicht durchlaufen. Das ist zwar unvermeidlich, denn im Unterricht fehlt die Zeit, das zu tun, und dennoch ist es nötig, sich immer neu bewusst zu machen, dass jede Anleitung zum literarischen Verstehen die Schaffung von Erfahrungsräumen für genau diesen Prozess voraussetzt. Das Problem ist nicht der vermittelte Stoff selbst, er kann von den Schülern durchaus als Hilfe verstanden werden, aber diese Hilfe droht, den Blick auf den Text zu verstellen, weil daneben kein Raum für eigene Leseerfahrungen bleibt. Der Verständnishintergrund, d. h. das, was sich im Sinne des »hermeneutischen Zirkels« nur im Durchgang durch einzelne Texte einer literarischen Epoche oder einer literarischen Gattung eruieren lässt, wird so zu einer Art *Suchbild der Interpretation*: Der Versuch, den literarhistorischen oder gattungstheoretischen Stoff im Text wiederzufinden, tritt an die Stelle der Arbeit am Verstehen.

So sinnvoll und wünschenswert die exemplarische Stoffvermittlung ist – sie hat ihre Tücken, droht sie doch der Erfahrungsdimension des Verstehens im Weg zu stehen. Der Abgleich des Textes mit dem im Unterricht vermittelten Epochen- und Gattungswissen reduziert den kreativen Prozess des Verstehens notwendigerweise auf das Bewältigen einer Aufgabe. Die Schüler lassen sich nicht darauf ein, im Text Entdeckungen zu machen, weil sie glauben, dass sie immer schon wissen, was sie entdecken sollen, wenn sie gelernt haben, was eine literarische Epoche oder eine literarische Gattung auszeichnet.

Der Fabula-docet-Reflex oder das Belehrungsmissverständnis

Was sich in der Schule bewährt, bewährt sich aus gutem Grund. Es knüpft zunächst an die Selbstverständlichkeiten des kommunikativen Alltags an. Die Geschichten, die wir uns im Alltag erzählen, dienen der Erlebnisverarbeitung: sie helfen uns, das, was wir erlebt haben, zu deuten und zu bewältigen. Erzählungen sind nicht nur unterhaltsam, sondern auch lehrreich; sie werden daher nicht nur anlassbezogen erzählt, sondern in der Regel abschließend auch evaluiert, etwa mit Floskeln wie: »Das hat man davon«, »So kann es einem gehen« etc. Und auch das vorliterarische Erzählen und die Gattungen der sogenannten »didaktischen Poesie« kennen den engen Zusammenhang zwischen der Geschichte und dem, was sich aus ihr lernen lässt. Nicht ohne Grund sind gerade diese Formen des Erzählens – Fabeln, Parabel, Gleichniserzählungen – im Deutschunterricht fest verankert.

Besonders sprechend ist in dieser Hinsicht die Fabel (vgl. Ter-Nedden 1994). Fabeln sind Argumentationshilfen in narrativer Form. Aristoteles behandelt sie nicht im Rahmen seiner *Poetik*, sondern seiner *Rhetorik*. Das Fabula-docet, das ihnen als Pro- oder Epimythion vor- oder nachgestellt ist, hatte ursprünglich die Funktion, den Redezusammenhang anzugeben, in dem die Geschichte sinnvoll erzählt werden konnte. Nicht selten hat dieses Fabula-docet die Form des Sprichworts. Das ist durchaus phänomengerecht. Sprichwörter sind, wie Fabeln selbst, *lehrhaft*, nicht *lehrreich*; lehrreich ist nur die geschickte Verwendung des Sprichworts in einem gegebenen Kontext, als Mikro-Texte sind Sprichwörter nichtssagend. Ob es klüger ist, etwas zu wagen (Wer wagt, gewinnt) oder sich besser nicht in Gefahr zu begeben (Wer sich in Gefahr begibt, kommt darin um), kann das Sprichwort nicht lehren. Die Vorstellung, aus der Lektüre von Sprichwortsammlungen Lebensweisheit zu gewinnen, ist deshalb auch ebenso abwegig wie der Gedanke, durch die Lektüre von Fabeln klug zu werden.

Die Frage, in der diese Evidenzen des vor- und außerliterarischen Erzählens im Schulalltag begegnen, lautet: Was will uns der Autor damit sagen? So sehr die Literaturdidaktik sie auch perhorreszieren mag – sie ist doch nicht auszurotten, denn sie erinnert immer neu daran, dass alles, was man erzählt, immer auch ein Beispiel für etwas ist. Dieses Etwas aber soll gezeigt, mimetisch vergegenwärtigt, nicht gesagt werden. Deshalb verkennt die Frage nach dem, was uns der Autor sagen will, so unvermeidlich sie vielleicht ist, die eigentliche Erkenntnisleistung der Literatur. Diese besteht nicht darin, uns zu sagen, was wir zu tun oder zu lassen haben, sondern darin, Erfahrungen zu artikulieren und das menschliche Leben auf exemplarisch allgemeine Weise zu deuten. Ihr spezifischer Beitrag zur Persönlichkeitsbildung besteht deshalb nicht in der Vermittlung von Handlungsmaximen, sondern im Aufbau einer uneingeschränkten Erfahrungswirklichkeit. Lesend lernen wir Weisen kennen und schätzen, uns zu den herausfordernden und unvermeidlichen, beglückenden oder leidvollen, nötigen und unnötigen Erfahrungen des einzel- und zwischenmenschlichen Lebens artikulierend in ein Verhältnis zu setzen. Glück und Leid, das Gelingen und das Misslingen des Lebens sind die elementarsten Wirklichkeiten, von denen die Literatur handelt. An der literarischen Artikulation von Erfahrungen aber kann man nur dann teilhaben, wenn man in der Lage ist, sich diese Deutungsangebote und Artikulationsweisen der Literatur verstehend anzueignen.

Dabei setzt das lesende Imaginieren von Erlebniswirklichkeiten nicht voraus, dass man das, was man imaginiert, bereits erlebt hat. Schüler freilich betonen zumeist genau das: Sie sehen den Wert eines literarischen Textes darin, dass das von ihm Dargestellte jede und jeder schon einmal erlebt hat. Das ist ein Missverständnis. Die eigentliche Leistung der literarischen Imagination besteht gerade darin, nicht-alltägliche Erlebniswirklichkeiten zu erschließen und diejenigen Erfahrungen des einzelmenschlichen Lebens zu erkunden, die niemand im Ernst durchleben möchte: Wie fühlt es sich an, zum Mörder zu werden (Schillers *Verbrecher aus verlorener Ehre*)? Wie fühlt es sich an, jeden Halt im Leben zu verlieren und sich das Leben zu nehmen (Goethes *Werther*)? Etc.

Auch wenn die Annahme, dass man etwas erlebt haben muss, um es auch imaginieren zu können, irreführend ist, werden lebensweltliche Erfahrung bei der Lektüre literarischer Texte doch vorausgesetzt. Jede Lektüre setzt eine Form des Interesses für die Lebensthematik voraus, die vom Text literarisch gestaltet wird. Goethes *Werther* oder Hesses *Steppenwolf* wurden nicht zufällig zu Kultbüchern. Der schulische Kanon ist nicht zufällig reich an Coming-of-Age-Stories wie Wolfgang Herrndorfs *Tschick* oder an Büchern, die vom Drama der schulischen Erziehung handeln. Der Erfolg von *Harry Potter* spricht in dieser Hinsicht Bände. Lesebiografien beginnen nicht zufällig bei Märchen und enden bei Autobiografien. Und nicht zufällig lässt sich zwischen typisch weiblichem und typisch männlichem Medienkonsum unterscheiden.

Literarische Erfahrungen setzen zwar ein thematisches Interesse oder genereller gesprochen die Fähigkeit, Lebenserfahrungen nachzuvollziehen, voraus – der Lebensbezug der Literatur ist aber nicht an der Textoberfläche ablesbar. Weil literarische Texte die einzel- und zwischenmenschliche Lebenswirklichkeit ins Bild setzen, weil sie – mit Aristoteles zu sprechen – *exemplarisch allgemein* (vgl. Aristoteles 1982, 29 f.) sind und das menschliche Handeln in ganz grundsätzlicher Hinsicht zur anschauenden Erkenntnis bringen, erschließen sie diese Wirklichkeit in ihrer Tiefendimension. Sie bringen die Innenseite des menschlichen

Lebens zur Anschauung und ermöglichen uns, uns zu dieser Dimension des menschlichen Lebens in ein Verhältnis zu setzen. In dieser Hinsicht – als Medium der menschlichen Selbstdeutung und der zwischenmenschlichen Selbstverständigung – ist die Literatur tatsächlich unverzichtbar.

Die lebensweltliche Banalisierung

In der Literaturdidaktik ist die Vorstellung weit verbreitet, dass die Lektüre literarischer Texte das Fremdverstehen fördert (vgl. Spinner 2022, 191–213). Die kognitionspsychologisch argumentierende Literaturtheorie sieht das ähnlich: Literatur ist ein Spielfeld für die Erprobung und Schulung der sozialen Kognition (vgl. z. B. Zunshine 2006, Keen 2007). Prozesse der Empathie und des komplexeren perspektivischen Verstehens spielen bei der Lektüre tatsächlich eine zentrale Rolle. Literarische Texte sind aber *sprachliche* Sinngebilde; sie beziehen sich zwar auf Personen und ihre Weisen, die Wirklichkeit wahrzunehmen, zu deuten, zu bewerten, zu erleben; aber sie sind mit ihnen nicht identisch. Literarische Figuren sind keine wirklichen Personen, sondern Ereignisse im Textvollzug. Sie werden im Prozess der Lektüre Wirklichkeit. Die literarische Mimesis gibt ihnen eine spezifische, von der Textgestalt selbst nicht ablösbare Form.

Die bloße Einfühlung in das, was Figuren denken, sagen oder tun, reicht deshalb nicht aus, um literarische Texte zu verstehen. Die Kunst, »aus Sätzen Personen« werden zu lassen (vgl. Grabes 1978), bedarf der Sensibilität für das Gelingen der literarischen Darstellung, d. h. des verständnisvollen Nachvollzugs eines Imaginations- und Artikulationsprozesses. Wer Kafka-Romane liest, kann sich nicht damit begnügen, Kafkas Figuren als Personen wahrzunehmen und wie fremde Personen zu verstehen; er muss auch in der Lage sein, nachzuvollziehen, wie Kafka Personen imaginiert. Die Form der Mimesis gibt den dargestellten Figuren allererst ihre Gestalt. Ein Literaturunterricht, der nur die Fähigkeit zur Empathie und zur Theory of Mind im Blick hat und der es dabei bewenden lässt, diese Fähigkeiten zu schulen, indem er die Charakterprofile literarischer Figuren in den Blick nimmt, vergisst, dass die *Form der Darstellung* selbst erfahrungs- und erkenntnisbildend ist.

Das *Glück des Lesens* beruht auf der Tatsache, dass wir *Betrachter* bleiben. Was wir lesend erleben, erleben wir in ästhetischer Distanz. Wir brauchen nur zu verstehen, wir brauchen uns nur auf das literarische Spiel einzulassen, sind in das dargestellte Geschehen selbst aber nicht involviert. Selbstverständlich müssen wir unsere Empathiefähigkeiten zur Geltung bringen, um dies tun zu können, aber Empathie ist eine ambivalente evolutionäre Errungenschaft. Sie macht uns nicht nur zu mitfühlenden und hilfsbereiten, sondern auch zu schadenfrohen und grausamen Wesen. Deshalb greift die Vorstellung, dass wir zu besseren Menschen werden, indem wir unsere Empathiefähigkeiten schulen, zu kurz. Literarische Texte vermitteln uns eine Ahnung davon, »wie es sich anfühlt« – »what it is like«, wie Thomas Nagel sagt (vgl. Vellusig 2013a, 38–40) –, ein Mensch zu sein, aber der Bildungswert der Lektüre liegt nicht darin, dass sie aus uns bessere Menschen macht. Die Lektüre literarischer Texte gehört zu jenen Selbstzwecktechniken, die das einzelmenschliche Leben bereichern, weil sie seine Wahrnehmungs- und Erlebnismöglichkeiten entgrenzen.

Die Fallstricke des Interpretationsaufsatzes

Das vielleicht gravierendste Handicap des Literaturunterrichts aber ist das Format, in das alle Verstehensbemühungen münden: der Interpretationsaufsatz. Michael Rödel hat in seinem maßgeblichen Handbuch (2018) deutlich gemacht, dass der Interpretationsaufsatz eigene Anforderungen an die Schülerinnen und Schüler stellt, die vom Prozess des Verstehens noch einmal unterschieden werden müssen. Wer einen Text verstanden hat, hat nicht auch schon die Aufgabe bewältigt, das Verstandene argumentativ zu entwickeln und die eigene Interpretation des Textes überzeugend zu begründen. Dass die Textsorte das Telos des Literaturunterrichts ist, hat fatale Folgen: Das Produkt droht an die Stelle des Prozesses zu treten. Interpretieren heißt, einen Interpretationsaufsatz zu schreiben. Die Auseinandersetzung mit dem Text gerät dabei aus dem Blick und wird von den Schülern als eigentliches Lernziel des Literaturunterrichts gar nicht erst wahrgenommen. Weil der Unterricht die Praxis der Interpretation nicht als Erkundung eines literarischen Textes, sondern als Verfassen eines Aufsatzes mit textsortenspezifischen Anforderungen modelliert, wird aus dem kreativen Prozess des Verstehens die routinierte Bewältigung einer Schreibaufgabe.

Das zeigt sich auch, wenn man die Darstellungsformen sichtet, die Michael Rödels Handbuch anbietet: Ob man die

Interpretation nun »aspektorientiert«, »linear« oder »frei« gliedert (vgl. Rödel 2018, 84–90) – das konventionelle Schema von Formanalyse und Inhaltsdeutung: die »klassischen Erschließungsaspekte (Inhalt und Aufbau, Form, Sprache, evtl. Figuren usw.)« (ebd., 88) grundieren die Interpretation hier wie dort. Recht betrachtet, schult der Interpretationsaufsatz nicht das Verstehen, sondern die Kunst der Argumentation. Er setzt auf »Prozeduren«, in denen Argumentationsmuster vorgebildet sind, mit deren Hilfe sich die klassischen Erschließungsaspekte der Interpretation geschickt vertexten lassen. Nicht jede Interpretation aber, die sich am Text belegen lässt und kohärent dargestellt wird, kann auch schon Gültigkeit für sich beanspruchen. Argumentation ist ein abschließendes, das Verstandene absicherndes Sprechen, nicht ein eröffnendes, das im Dienst des Verstehens und Besser-Verstehens steht.

3 Alternative Wege

Wenn es nicht darum geht, den Inhalt eines Textes zu paraphrasieren und ihn mit den Befunden der Formanalyse in ein Verhältnis zu setzen, wenn es nicht darum geht, im literarischen Text den literarhistorischen Stoff wiederzuerkennen, wenn es nicht darum geht, aus der literarischen Erfahrung etwas fürs Leben zu lernen, wenn es nicht darum gehen kann, mithilfe literarischer Texte seine Empathiefähigkeit zu schulen, und wenn zu allem Überfluss der Weg des Verstehens nicht identisch ist mit der Fähigkeit, den Anforderungen einer Textsorte gerecht zu werden –

was bedeutet literarisches Verstehen dann? *Was muss man lernen, wenn man lernen möchte, literarische Texte zu verstehen und dieses Verstehen als Erfahrung zu genießen?*

Nur wenn man eine klare Vorstellung davon hat, was literarisches Verstehen ist, kann man sich mit der Frage beschäftigen, was es heißt, einen literarischen Text besser zu verstehen. Nur dann ist es möglich, das literarische Lesen zu kultivieren und unerfahrenen Lesern Leseerfahrungen zu ermöglichen. Denn nur wenn man weiß, was es zu kultivieren gilt, kann man das auch gezielt tun. Nur dann ist man in der Lage, einen Weg zu beschreiben, der *Lernfortschritte* möglich macht.

Dieser Weg aber beginnt nicht nirgendwo und endet nicht, wenn er an sein Ziel gefunden hat. Der Lernprozess, von dem hier die Rede ist, ist nicht durch sein Ziel definiert. Lernfortschritte haben deshalb eine andere Gestalt als Fortschritte, die – wie im Fall der Herstellung eines Gegenstands – ausschließlich durch ihr Ziel bestimmt sind. Ein *Gegenstand* ist erst dann fertig, wenn seine Herstellung abgeschlossen ist. Das Fortschrittsmodell hingegen, das wir diesem Buch und der Kunst der literarischen Erfahrungsbildung zugrunde legen möchten, folgt den Prozessen des Wachstums und der Reifung, wie sie für Lebewesen kennzeichnend sind. Ein *Lebewesen* »ist schon als Ganzes da zu Beginn seiner Reifung, und der Prozeß der Reifung ist gut für das reifende Lebewesen selbst« (Spaemann 2012, 134). So wie das Erlernen einer Sprache oder eines Musikinstruments auf jeder Stufe seine Berechtigung hat, so kennt auch die Kultivierung des Verstehens auf jeder Stufe Formen des Gelingens. Der Sinn von Lernfortschritten ist in ihm immer schon präsent. Wer das Verstehen literarischer Texte schulen möchte, braucht deshalb lediglich die Richtung anzugeben, »die es erlaubt, große von kleinen Verbesserungen und Verbesserungen von Verschlechterungen zu unterscheiden« (ebd., 132). Wer Reifungsprozesse des literarischen Verstehens fördern möchte, muss davon ausgehen, dass Schüler immer schon mündige Leser sind. Die Erziehung zur Mündigkeit darf sie nicht zum Schweigen bringen.

Darum soll es in den folgenden Abschnitten gehen. Sie sollen (1) Grundbegriffe der Poetik präsentieren, die es erlauben, das Phänomen der literarischen Erfahrung angemessen zu beschreiben und das Spezifikum des literarischen Verstehens zu explizieren, und sie sollen (2) Prinzipien und Methoden des Verstehens vorstellen, die für den Literaturunterricht unverzichtbar sind, weil sie Missverständnisse aus dem Weg räumen und es erlauben, Kriterien zu entwickeln, anhand derer sich Lernfortschritte beurteilen lassen.

III Grundbegriffe der Poetik

1 Mimesis: von Personen durch Personen für Personen

Der Begriff der Mimesis zählt zu den ältesten literaturtheoretischen Begriffen und auch zu den umstrittensten. Wer ihn zum Ausgangspunkt der literaturtheoretischen Besinnung macht, macht sich verdächtig, einem antiquierten Literaturverständnis anzuhängen. Nicht Mimesis, sondern Fiktion ist der Zentralbegriff der Literaturtheorie. Mit dem Begriff der Mimesis verbindet sich die Vorstellung, dass Literatur auf naive Weise darauf festgelegt wird, die Wirklichkeit zu kopieren und so bloß zu verdoppeln. Die Literatur, so das Argument, lässt sich aber nicht darauf festlegen, die Welt detailgenau abzubilden, sie stellt etwas dar, macht etwas sichtbar, indem sie es literarisch gestaltet. Jürgen Petersen hat deshalb vorgeschlagen, den Begriff der Mimesis mit ›Darstellung‹ zu übersetzen und den Begriff Nachahmung für jene Formen der Darstellung zu reservieren, in denen es tatsächlich auf eine abbildungsgenaue Wiedergabe eines Gegebenen ankommt (vgl. Petersen 2000, 21f.). Ähnlich argumentiert Wolfgang Iser: Literatur ist der Raum des Als-Ob, in dem das Reale verfremdet und das Imaginäre konkretisiert wird. »Akte des Fingierens« sind »Akte des Überschreitens« (Iser 1991, 48), und in diesem Überschreiten entsteht ein Sinngebilde, für das sich nichts Vorgängiges namhaft machen lässt: Weil das »Textspiel« seine »Referenzwelten« transformiert, können diese selbst nicht »Gegenstand der Darstellung« sein; weil der Text sich nicht »in der Repräsentation vorgegebener Gegenständlichkeit« erschöpft, gibt es »keine Repräsentation ohne Performanz, die in jedem Falle anderen Ursprungs ist als das zu Repräsentierende« (Iser 1991, 481).

Nun besteht die Pointe der aristotelischen Poetik allerdings darin, dass sie es nicht dabei bewenden lässt, Dichtung als Mimesis zu bestimmen; Aristoteles differenziert zwischen dem Medium, dem Gegenstand und der Art und Weise der Mimesis. Dichtung ist Nachahmung von etwas in etwas auf bestimmte Weise. Und bei näherer Betrachtung erweist sich, dass es der Gegenstand der Nachahmung ist, der das Spezifikum der Literatur ausmacht. Man kann alles in Verse setzen, aber das macht aus einer naturwissenschaftlichen Abhandlung noch keine Dichtung und aus einem historiographischen Text noch kein Epos: »Die Nachahmenden ahmen handelnde Menschen nach« (Aristoteles 1982, 7). Poesie ist *Mimesis von Personen durch Personen für Personen.* Ein Schauspieler stellt einen Weinenden dar, indem er einen Weinenden nachahmt, d. h. an ihm Maß nimmt. Etwas nachahmen bedeutet, etwas »dem Maß des Vorbildes entsprechend nachgestalten« (Schmitt in Aristoteles 2011, 210). Darin liegt zugleich auch der exemplarische Charakter der Nachahmung begründet. Wer nicht versteht, was nachgebildet wird, kann nicht beurteilen, ob die Darstellung dem Phänomen selbst gerecht wird.

Poetische Texte zeichnen sich also nicht primär dadurch aus, dass sie von der Lizenz Gebrauch machen, Dinge zu erfinden; das entscheidende Datum ist nicht die Fiktionalitätskonvention, die es Dichterinnen und Dichtern fraglos erlaubt, von der Frage abzusehen, ob sich das, was sie da schreiben, auch tatsächlich ereignet hat: »the willing suspension of disbelief for the moment« hat Samuel T. Coleridge das genannt. – Poesie ist *primär* Mimesis und deshalb auch Fiktion (vgl. Vellusig 2013a, 33–50). Weshalb ist das so?

Käte Hamburger hat in ihrem Buch *Die Logik der Dichtung* darauf aufmerksam gemacht, dass es nur in der Fiktion möglich ist, eine dritte Person in ihrer Subjektivität darzustellen, d.h. von einem Er oder einer Sie zu sagen, was er oder sie denkt oder fühlt: »*Die epische Fiktion*«, so ihr berühmtes Diktum, »*ist der einzige erkenntnistheoretische Ort, wo die Ich-Originität (oder Subjektivität) einer dritten Person als einer dritten dargestellt werden kann*« (Hamburger 1980, 79). Der Begriff der Ich-Originität bezeichnet das ›Hier-Jetzt-Ich-System‹, das Koordinatensystem der subjektiven Orientierung, das jede Äußerung aufspannt (vgl. Bühler 1999, § 7). Wer spricht, sagt immer auch: Ich bin jetzt hier. Und wer Ich sagt, kann das nur tun, weil er in der Lage ist, sich selbst mit den Augen eines anderen wahrzunehmen und zu erkennen, dass auch der andere ein Ich ist, für den er selbst ein Du ist. Ich-Sager können sich die perspektivische Bindung ihrer Wirklichkeitserfahrung bewusst machen – und sie können sich bewusst machen, dass auch andere Personen in einem solchen je eigenen Sinn- und Werthorizont leben.

Diese Subjektivität des Welthabens, in der wir unvertretbar sind, ist der Spielraum der Literatur. Wir sind in der Lage, auf sie zu reflektieren, wir erkennen sie anderen zu; zugänglich aber wird sie uns nur in Prozessen der *Empathie* und der *Imagination*, d.h. indem wir angesichts eines menschlichen Ausdrucksverhaltens unmittelbar innewerden, *wie* und *wonach* jemandem zumute ist, und indem wir uns in der Vorstellung *vergegenwärtigen*, in welchem

Sinnhorizont sich jemand bewegt (vgl. Bischof-Köhler 2011, Kap. 11 und 14). In der literarischen Mimesis von Personen durch Personen für Personen gewinnt diese Subjektivität unseres Welthabens den Status einer geteilten Wirklichkeit. Was die Literaturwissenschaft Fiktionalitätskonvention nennt, ist nichts anderes als der Spielraum einer literarischen Kultur, die es all jenen, die an ihr partizipieren, ermöglicht, sich zu ihrem Erleben noch einmal bewusst zu verhalten und es so gemeinsam zu kultivieren. Die poetische Literatur ist das Artikulationsmedium für das, was nur aus erster Hand zugänglich ist, sie ist – wie Peter Bieri in seinen Heidelberger Poetikvorlesungen 2008 gesagt hat – die »kunstvolle sprachliche Vergegenwärtigung von Erfahrungen«.

2 Mimesis des Sprechens: Rede und Schrift

Der Begriff der Mimesis ist zweideutig: Er bezeichnet einerseits das Verhältnis der Literatur zur außerliterarischen Erfahrungswirklichkeit, die in ihr Gestalt gewinnt; er bezeichnet andererseits aber auch eine spezifische Weise der Darstellung: die direkte (»showing«) im Gegensatz zur erzählerisch vermittelten (»telling«) Rede- und Bewusstseinsdarstellung. Dementsprechend weist das *Reallexikon der deutschen Literaturwissenschaft* den Begriff in zwei verschiedenen Einträgen nach. Während im ersten Fall v. a. die fiktionsbildende Qualität der Literatur thematisiert wird (vgl. Erhart 2000), macht die zweite, v. a. in der Erzähltheorie etablierte Verwendungsweise des Begriffs deutlich, dass die außerliterarische Wirklichkeit, auf die sich die Literatur mit sprachlichen Mitteln bezieht, ihrerseits sprachlich verfasst ist (vgl. Weimar 1997). Der Gegenstand der poetischen Darstellung sind handelnde Menschen, und das menschliche Handeln vollzieht sich zu weiten Teilen redend oder in Form von Bewusstseinsprozessen, die ihrerseits – nicht ausschließlich, aber doch in hohem Maße – sprachliche Gestalt besitzen.

Nun ist die poetische Mimesis zwar immer auch *sprachlich* verfasst, aber nicht immer schon *schriftlich* codiert. Das ist für unser Thema zentral. Schrift ist ihrem Ursprung nach ein externer Datenspeicher, der dazu dient, das Gedächtnis zu entlasten, indem er all das graphisch fixiert, was man sich nicht merken kann. Schrift ist deshalb geradezu dazu prädestiniert, Texte entstehen zu lassen (vgl. Kap. V.1), Sinngebilde, die sich, wie Konrad Ehlich betont hat, durch eine »*sprechsituationsüberdauernde Stabilität*« auszeichnen (Ehlich 1983, 32). Sie können von einer Situation in eine andere transportiert werden. Autonomie gewinnt ein Text nur dann, wenn die »*Überlieferungsqualität* [...] *in das Übertragungsmittel selbst investiert*« (ebd., 38) wird. Schrift ermöglicht und erzwingt deshalb *komplexeres Formulieren*: Sie erzeugt einen *Verbalisierungszwang* (man muss alles, was man mitteilen möchte, in Worte fassen) und sie erhöht die sprachlichen *Planungsaktivitäten* (d. h. sie erzeugt eine größere sprachliche, v. a. syntaktische Elaboriertheit). Deshalb ist sie das zentrale Medium der *nichtalltäglichen Praxisbereiche* (Verwaltung, Recht, Technik, Wissenschaft), bei denen *Persönliches* keine Rolle spielt.

Für die Literatur ist das zunächst ein Problem. »Poesie ist Personalisierung« (Ter-Nedden 1987, 64). Beim Schreiben aber fällt all das weg, was das Sprechen schön macht: die

Artikulation der Person und ihrer subjektiven Perspektive. Wahrnehmbar werden Personen in ihrem Mitteilungsverhalten – in der mimischen, gestischen und prosodischen Sinnlichkeit des Sprechens – und in den drastischen und plastischen Ausdrucksweisen ihrer Rede. Diese »expressive Mündlichkeit« (vgl. Koch/Oesterreicher 1996, 73 f.) des kommunikativen Alltags lässt sich nicht einfach aufschreiben; sie muss mit eigenen Verfahren notiert werden: Wer (mit verlangsamter Sprechweise [←], auffallender Dehnung [:] und markanter Akzentverdichtung ["]) sagt, dass es letztes Jahr in Florenz »← so:" u"nerträ"glich hei"ß« war (zit. nach Schwitalla 1997, 149), stöhnt beim Sprechen gleichsam unter der Hitze, von der er erzählt. Er vergegenwärtigt eine Erfahrung. Wer schreibt, muss diese persönliche Dimension der Rede durch rein verbale Alternativen kompensieren.

In diesem Sinne lässt sich die poetische Literatur als *schriftliche Nachbildung* (Mimesis) des *Sprechens* charakterisieren, als »Statthalterin der Mündlichkeit im Reich der Schrift« (Ter-Nedden 1994, 76). Das Sprechen ist im schriftlichen Text mitnotiert und wird bei der Lektüre wieder in Rede übersetzt. Deshalb ist bereits das Lesen eines literarischen Textes, und sei es auch in Form des bloßen Subvokalisierens, eine Interpretation – der Kunst des Musikers vergleichbar, eine Partitur durch sein Spiel oder seinen Gesang in Musik zu verwandeln (vgl. Vellusig 2013b).

Wer poetische Texte liest, macht sich deshalb unwillkürlich zu ihrem Sprecher. Bei *Gedichten* versteht sich das beinahe von selbst: Lyrik ist darauf angelegt, gesprochen und gehört zu werden; sie lebt vom Klang und der Rhythmisierung der Rede, d. h. von sinnlichen Qualitäten, die man dem Text nicht ansehen kann. Ähnliches gilt für das *Drama*. Auch dramatische Texte sind – selbst dann, wenn es sich um Lesedramen handelt – für das Sprechen gemacht: Sie vergegenwärtigen ein zwischenmenschliches Handeln, das sich ganz wesentlich in Form des Gesprächs vollzieht (vgl. Lösener 2017). Anders, aber nicht weniger signifikant, ist das im Fall des *Romans*. Der Roman ist nicht zufällig die zentrale Gattung der Schriftkultur (vgl. Vellusig 2013a, 73–125). Einen Roman kann man nicht erzählen, sondern nur schreiben. Sein aus oralen Kulturen stammendes Pendant ist das Epos. Aber gerade der Roman, der sich im 18. Jahrhundert als literarische Gattung etabliert, versteht es auf kunstvolle Weise, ein Sprechen nachzubilden. Die ersten erfolgreichen Romane der Weltliteratur waren nicht zufällig Briefromane. Der junge Goethe lässt seinen jungen Werther Briefe schreiben, die den Eindruck vermitteln, dass er hier und jetzt mit seinem vertrauten Freund Wilhelm spricht: »Wie froh bin ich, daß ich weg bin! Bester Freund, was ist das Herz des Menschen! Dich zu verlassen, den ich so liebe, von dem ich unzertrennlich war, und froh zu seyn! Ich weiß, du verzeihst mir's.« (Goethe 1999, 9) – Man muss den Stoßseufzer hören, der sich in diesen Sätzen mitteilt; und man muss in der Imagination wahrnehmen, wie Werther über sich selbst den Kopf schüttelt. Auch der moderne Roman ist in hohem Maße eine Mimesis des Sprechens: Er vergegenwärtigt eine Erzählerstimme und er kann (wie gerade der Unterhaltungsroman zeigt) nicht ohne Figurenrede auskommen: Sie macht literarische Figuren als Personen erlebbar (vgl. Hamburger 1980, 80).

Poetische Texte sind Suggestionstechniken. Weil sie zwar geschrieben sind, ihre mimetischen Qualitäten sich aber nur beim Sprechen erschließen, bedarf es einer besonderen Aufmerksamkeit für die Art und Weise, wie ein Text dieses Sprechen inszeniert. Um der Komplexität dieser *Sprechgestaltung* auf die Spur zu kommen, ist es hilfreich, zwischen der Sprechform, der Sprechstimmung und der Sprechhaltung des Textes zu unterscheiden (vgl. Lösener 2009, 18): Der Begriff der *Sprechform* bezieht sich auf die stimmliche, prosodisch-intonatorische Gestaltung des Sprechens (laut, leise, langsam, schnell, abgehackt, flüssig etc.); der Begriff der *Sprechstimmung* bezeichnet die personale Wirkung des Sprechens, seine expressiven Qualitäten (traurig, fröhlich, ängstlich, verzweifelt, erleichtert, begeistert etc.); der Begriff der *Sprechhaltung* schließlich erfasst die situative Wirkung, die eine Rede besitzt, ihre interpersonale Dimension (ermutigend, tadelnd, überzeugend, bedrohlich, versöhnlich etc.). Die Art und Weise, wie man einen Satz spricht (Sprechform), vermittelt also eine Vorstellung davon, *wie* und *wonach* der sprechenden Person zumute ist (Sprechstimmung) und wie sie sich zu ihrem Gegenüber verhält (Sprechhaltung). Wenn wir Texte in diesem Sinne performativ oder, wie Hans Lösener sagt, »hörend lesen«, entwickeln wir zugleich auch eine Vorstellung von der *Sinngliederung des Textes*. Sprechend verleihen wird dem Text ein *Relevanzprofil*, indem wir das, was uns als wesentlich erscheint, hervorheben. Lesend identifizieren wir *performative Werte*.

Das lässt sich am einfachsten anhand eines Textvergleichs erproben. Als Ausgangspunkt dient uns ein Liebesgedicht, das den Status eines Klassikers gewonnen hat: Erich Frieds *Was es ist* (Fried 1983, 43):

Was es ist

Es ist Unsinn
sagt die Vernunft
Es ist was es ist
sagt die Liebe

Es ist Unglück
sagt die Berechnung
Es ist nichts als Schmerz
sagt die Angst
Es ist aussichtslos
sagt die Einsicht
Es ist was es ist
sagt die Liebe

Es ist lächerlich
sagt der Stolz
Es ist leichtsinnig
sagt die Vorsicht
Es ist unmöglich
sagt die Erfahrung
Es ist was es ist
sagt die Liebe

Das Gedicht ist schlicht: Es stellt den Bedenken, die von der Vernunft, von der Berechnung, der Angst und der Einsicht, dem Stolz, der Vorsicht und der Erfahrung gegen die Liebe geäußert werden, die Unbeirrbarkeit entgegen, mit der die Liebe das anerkennt, was ist. Um das zu verstehen, bedarf es keiner literaturwissenschaftlichen Expertise. Tatsächlich ist aber bereits diese Paraphrase des Gedichts eine Interpretation, denn von der »Unbeirrbarkeit« der Liebe (*Sprechstimmung*) kann nur sprechen, wer dem Gedicht bei der Lektüre eine spezifische Stimmlichkeit zugesprochen hat (*Sprechform*). Als unbeirrbar erscheint die Liebe nur dann, wenn man das »Es ist was es ist«, mit dem jeder Abschnitt des Gedichts schließt, auf bestimmte Weise spricht: langsam, leise, mit einer Pause nach dem »Es ist«, die diesem »Es ist« auf dezente Weise Nachdruck verleiht – einen Nachdruck, der dadurch noch verstärkt wird, dass sich der Redefluss im zweiten Teil des Verses vielleicht beschleunigt: »Es ist | was es ist«. Dabei bildet sich ein markantes rhythmisches Muster aus, das sich diesem Gedicht wie eine Signatur einschreibt. Weil die beiden Betonungen des Verses auf dem Verb ›ist‹ liegen, lässt sich dieser Vers in einem sehr konkreten Sinn als Gegen-Rede zu den Einsprüchen lesen, die gegen die Liebeserfahrung erhoben werden. Alle Verse, die einen Einspruch formulieren, lassen das einleitende »Es ist« unbetont, um den Akzent ganz auf den *Un*sinn, das *Un*glück, den *Schmerz*, die *Aus*sichtslosigkeit, die *Läch*erlichkeit, die *Leicht*sinnigkeit und die *Un*möglichkeit zu legen. (Lediglich der Einspruch der Erfahrung ließe sich so akzentuieren, dass er – das »ist« betonend: »Es *ist* un*mög*lich« – der Liebe auch im Ausdrucksverhalten Paroli bietet.)

Der Reiz des Gedichts liegt in dieser im *Sprechen* spürbar werdenden Unbeirrbarkeit, mit der die Liebe sich weigert, die Erfahrung, von der die Rede ist, zu bestimmen und zu bewerten. Alle Urteile, die über die Liebeserfahrung gefällt werden, sind Abwehrbewegungen, die der Selbstbewahrung dienen. Sie gehen ins Leere, buchstäblich ins Unbestimmte: »Es ist was es ist« ist eine tautologische Formulierung. Mimetisch sprechend wird sie, wenn man sie als eine Art Mantra liest, das der Erfahrung selbst Raum gibt.

Man könnte die zentralen Verse des Gedichts freilich auch anders sprechen – und würde das Gedicht damit unwillkürlich verwandeln. Wer die Unbeirrbarkeit der Liebe zur Geltung bringt, verleiht dem Sprechen die Qualität einer in sich ruhenden Gelassenheit und einer Sanftheit, die sich nicht zu behaupten braucht, und kann sich lesend in diese Weise des Sprechens hinein entspannen. Man kann das Gedicht aber auch mit eine Art Achselzucken sprechen, gleichsam mit einem die Einsprüche bagatellisierenden Gestus, die Lippen kokett geschürzt – das wäre möglich, würde den Sinngehalt des Gedichts aber völlig verwandeln. Nicht nur, weil die Liebe dadurch ihre Besonnenheit verlieren würde, sondern auch, weil ihr Sprechen eine situationsbezogene *Sprechhaltung* besäße. Damit würde sich zwischen den einzelnen Instanzen, die hier sprechen, eine Beziehung etablieren und das Gedicht selbst heitere Züge gewinnen.

Es ist hilfreich, sich solche Alternativen des Sprechens bewusst zu machen. Die Kunst der performativen Interpretation lebt vom Wahrnehmungsvergleich. Das kann dadurch geschehen, dass ein und derselbe literarische Text auf andere Weise gelesen wird (wenn man miteinander ins Gespräch kommt, ist das beinahe unvermeidlich), oder dadurch, dass ein literarischer Text zu einem anderen Text in Beziehung gesetzt wird, der mit ihm, in welcher Hinsicht auch immer, vergleichbar ist.

Im Falle des Liebesgedichts von Erich Fried ist beides möglich, denn hier gibt es ein Gedicht, das wohl als heitere

Kontrafaktur zu *Was es ist* gelten darf. Es stammt von Robert Gernhardt und trägt den Titel *Verdrehter Kopf* (Gernhardt 2008, 306):

Verdrehter Kopf

Das muss ich erst hinterfragen,
sagt der Kopf
Ich glaube, sagt die Liebe

Das kann ich nicht so stehenlassen,
sagt der Kopf
Ich vertraue, sagt die Liebe

Das wird mich Kopf und Kragen kosten,
sagt der Kopf
Ich liebe, sagt die Liebe

Und wenn alle so dächten wie du?
fragt der Kopf
Komm, sagt die Liebe

Ich weiß gar nicht mehr, wo mir der Kopf steht,
klagt der Kopf
Am Arsch, sagt die Liebe.

Gernhardts Gedicht greift die Unterscheidung zwischen Vernunft und Liebe, mit der Frieds Gedicht das Gegeneinander von Bedenken und Gleichmut eröffnet, auf und übersetzt sie in ein Gespräch zwischen Kopf und Liebe. Dadurch gewinnt das Gedicht eine Interaktionsdynamik, die seiner Vorlage fehlt. Denn bei Fried werden die widerstrebenden Regungen als Abstrakta lediglich benannt; personifiziert werden sie nur insofern, als sie sprechen. Ein innerer Dialog bildet sich dabei nicht oder allenfalls andeutungsweise aus. Anders in dem Gedicht von Robert Gernhardt. Gernhardt macht aus Frieds Vorlage ein kleines Bewusstseinsdrama und entfaltet die Stimmlichkeit, die in ihm angelegt ist: Das gilt sowohl für die personale als auch die interpersonale Dimension des Sprechens.

So bildet das Gedicht auch eine kleine Geschichte nach, die vergegenwärtigt, wie der Kopf »seinen Kopf verliert« (wobei ein nicht geringer Reiz des Textes natürlich darin liegt, dass Gernhardt aus den Redewendungen der Umgangssprache katachrestische Funken schlägt). Wollte man die Stimmlichkeit, die der Text suggeriert, charakterisieren, müsste man deshalb auch diese Geschichte sinnfällig machen. Die Liebe spricht zunächst mit immer demselben Duktus: sanft und liebevoll – »Ich glaube«, »Ich vertraue«, »Ich liebe«. Damit ist die Tautologie reformuliert, die Erich Frieds Gedicht wie ein Mantra wiederholt. Dann aber wechselt die Liebe den Ton: die personale Qualität der Rede tritt in den Hintergrund – die interpersonale Qualität wird akzentuiert. Das »Komm« will beschwichtigend oder verführerisch gesprochen werden, vielleicht hauchend, besonders leise – und der Schlusssatz? Der performative Interpretationsspielraum ist hier besonders groß; wie man ihn liest, hängt wohl auch davon ab, wie man den Kopf sprechen lässt.

Vielleicht kommt der Reiz des Gedichts dann am besten zur Geltung, wenn man den Kopf zunächst abwehrend mit einer gewissen Souveränität sprechen lässt (»Das muss ich erst hinterfragen«, »Das kann ich nicht so stehenlassen«), um ihn am Schluss in die Hilflosigkeit kippen zu lassen: dabei zuerst seine beinahe panisch anmutende Angst betont (»Das wird mich Kopf und Kragen kosten«), dann seine moralische Empörung (»Und wenn alle so dächten wie du?«), schließlich seine weinerlich wirkende ›Kopflosigkeit‹ (»Ich weiß gar nicht mehr, wo mir der Kopf steht«). Im Sog dieser Interaktionsdynamik gewinnt der letzte Satz der Liebe alle Qualitäten der Schadenfreude, vielleicht sogar des derbsten Spottes. Die bislang immer engelsgleich Säuselnde fällt aus der Rolle und vergreift sich im Ton: laut, derb, prustend. Wer mit Robert Gernhardts Lyrik vertraut ist, weiß, wie sehr er es liebt, solche Kippeffekte zu inszenieren.

Mimesis des Sprechens – der Reiz des Gedichtes ist auf eine Kunst der performativen Interpretation angewiesen, die in der Lage ist, die im Text notierte Rede wahrzunehmen und *»in der Rede die Tätigkeit eines Subjekts zu entdecken«* (Lösener 2009, 14).

3 Personalität: Figur und Person

Schrift – so haben wir festgestellt – steht in einem Oppositionsverhältnis sowohl zum Gedächtnis als auch zur Rede: sie speichert all das, was man sich nicht merken kann, und sie steigert den Sprachlichkeitsgrad der Artikulation. Sie trennt – das ist vor allem für informative, argumentative und diskursive Texte relevant – die mitgeteilte *Information* vom Akt ihrer Mitteilung und sie trennt – das ist das für poetische Texte entscheidende Datum – den Prozess der *Imagination* von der Leibhaftigkeit der Interaktion.

Im mündlichen Erzählen ist der gesprochene Text nur ein unselbstständiger Teil einer multimedialen Performance, die die Geschichte lebendig macht. Wer eine Geschichte erzählt, sagt keinen Text auf, sondern spielt etwas vor (vgl. Merkel 2000, 158–183); er führt die Geschichte mimisch, gestisch (v. a. mithilfe von zeichenhaft verkürzten Spielgesten), intonatorisch (mit der Suggestivkraft seiner Stimme) auf und vergegenwärtigt sie für die Zuhörer. All das sind mimetische Verfahren: sie dienen der nachahmenden Darstellung handelnder Personen im Hier und Jetzt ihrer Gegenwart, die mit der Gegenwart des Erzählens nicht identisch ist. Ein literarisch ambitionierter Schriftsteller muss all das, was der Erzähler in sinnlicher Konkretheit vergegenwärtigt, in Sprache verwandeln.

Die Kunst der Literatur ist in wesentlicher Hinsicht die Kunst, aus Sätzen Personen werden zu lassen (vgl. Grabes 1978). Personen sind Wesen, die eine Außenseite und eine Innenseite haben, denen wir also Bewusstsein zusprechen: ein Wollen, ein Fühlen, ein Denken – so die Bestimmung der kognitionspsychologisch inspirierten Literaturtheorie, die sich an den Intuitionen der *folk psychology* orientiert (vgl. Jannidis 2004, 185–195). Inwiefern das aber eine Kunst ist, zeigt sich besonders markant, wenn man vergleichend vorgeht. Wir erkunden sie mithilfe zweier kurzer Geschichten. Die erste ist unter dem Titel *Die vorbereiteten schlimmen Nachrichten* im sechsten Band von Friedrich Nicolais Schwank- und Witzsammlung *Vade Mecum für lustige Leute* (Berlin 1772) erschienen:

> Ein junger Edelmann bekam auf der Universität durch einen alten Knecht seines Vaters einen Gruß von Hause.

»Nun wie steht es denn?« fragte der junge Herr; »ist nichts Neues bei uns vorgefallen?« »Nein!« »Gar nichts?« »Nein! aber unser Rabe ist tot.« »So! Nun die Neuigkeit geht noch mit. Aber wovon ist er gestorben?« »O wie konnte das bei dem vielen Aasfressen anders sein?« »Aas hat er gefressen? Was für Aas?« »Je nun, von den vier Kutschpferden.« »Sind die tot? Was hat ihnen denn gefehlt?« »Nichts; aber von dem vielen Wasserschleppen mußten sie wohl sterben.« »Sind sie denn zum Wasserfahren gebraucht worden?« »Sonst nicht, außer an dem Tage, da das Schloß abbrannte.« »Meines Vaters Schloß, sagst du, ist abgebrannt? Durch was für ein Unglück?« »Oh! wenn sie mit den vielen Fackeln nicht so unvorsichtig umgegangen wären, so würde es nicht geschehen sein.« »Und wo kamen denn die vielen Fackeln her?« »Ja, die Fackeln wurden bei Ihrer gnädigen Mama Leichenbegängnisse gebraucht.« »Meine Mutter tot und begraben, ohne daß ich ein Wort von ihrer Krankheit gewußt habe! Das ist unbegreiflich.« »So unbegreiflich nicht; denn sie ist nicht an einer Krankheit, sondern vom Ärgernis gestorben.« »Aber, worüber hat sie sich denn so erschrecklich ärgern können?« »Je nun! Sie mußte wohl! Wenn Ihre Tochter ein Hurkind bekäme, würden Sie sich nicht auch ärgern?« (Zit. nach Hebel 1999, 361.)

Die Pointe dieser kurzen Geschichte besteht darin, dass die katastrophische Verkettung der Ereignisse, die in ihr zur Sprache kommt, nicht erzählt, sondern in einer Sequenz von Rede und Gegenrede erfragt wird. Nicolai ist kein Erzähler im eigentlichen Sinn – er sammelt Geschichten, die aus mündlichen Traditionszusammenhängen stammen, ohne den Ehrgeiz zu besitzen, sie literarisch aufzubereiten. Das *Vade Mecum für lustige Leute* ist eine Sammlung, die nicht primär der selbstgenügsamen Lektüre dient, sondern dem Leser einen Fundus an Geschichten bietet, die ihren Reiz dann in der Performance des Erzählens entfalten. Zwar ist die Geschichte von dem jungen Edelmann und dem alten Knecht mimetisch in hohem Maße sprechend: ihre Verlaufsform vergegenwärtigt den Prozess, in dem sich das ganze Ausmaß der Tragödie, das die Familie heimgesucht hat, sukzessiv enthüllt – Personen werden in ihr aber nicht lebendig. Das Gespräch, das die Figuren führen, ist ein Dialog im rein technischen Sinn: ein Austausch von Informationen über Sachverhalte. Die Figuren sprechen zwar in der Ich-Form, aber lediglich in einem grammatischen Sinn: eine Ich-Perspektive kommt im Sprechen nicht zur Anschauung. Die Erlebniswirklichkeit der *an* dem Dialog beteiligten Personen wird *in* ihm nicht mitgestaltet.

Anders im zweiten Text, dem literarischen Pendant zu dieser Geschichte. Sie stammt von Friedrich Hebel. Hebel erhebt zwar nicht den Anspruch, originell zu sein, aber er begreift sich doch als Schriftsteller, der den kurzweiligen Geschichten des *Schatzkästleins*, diesen »Kindern des Scherzes und der Laune« – wie es in der Vorrede heißt –, »ein nettes und lustiges Röcklein« umhängt (ebd., 13). Dabei kommt alles darauf an, wie Hebel seine Figuren sprechen lässt. Nicht zufällig trägt seine Neufassung der Geschichte den Titel *Ein Wort gibt das andere*:

> Ein reicher Herr im Schwabenland schickte seinen Sohn nach Paris, daß er sollte Französisch lernen, und ein wenig gute Sitten. Nach einem Jahr oder drüber kommt der

Knecht aus des Vaters Haus auch nach Paris. Als der junge Herr den Knecht erblickte, rief er voll Staunen und Freude aus: »Ei Hans, wo führt dich der Himmel her? Wie steht es zu Hause, und was gibt's Neues?« – *»Nicht viel Neues, Herr Wilhelm, als daß vor 10 Tagen Euer schöner Rabe krepiert ist, den Euch vor einem Jahr der Waidgesell geschenkt hat.«*

»O das arme Tier«, erwiderte der Herr Wilhelm. »Was hat ihm denn gefehlt?«

»Drum hat er zu viel Luder gefressen, als unsere schönen Pferde fielen, eins nach dem andern. Ich hab's gleich gesagt.«

»Wie! meines Vaters vier schöne Mohrenschimmel sind gefallen?« fragte der Herr Wilhelm. »Wie ging das zu?«

»Drum sind sie zu sehr angestrengt worden mit Wasserführen, als uns Haus und Hof verbrannte, und hat doch nichts geholfen.«

»Um Gottes willen!« rief der Herr Wilhelm voll Schrecken aus. »Ist unser schönes Haus verbrannt? Wann das?«

»Drum hat man nicht aufs Feuer achtgegeben, an Ihres Herrn Vaters seliger Leiche, und ist bei Nacht begraben worden mit Fackeln. So ein Fünklein ist bald verzettelt.«

»Unglückselige Botschaft!« rief voll Schmerz der Herr Wilhelm aus. »Mein Vater tot? Und wie geht's meiner Schwester?«

»Drum eben hat sich Ihr Herr Vater seliger zu Tod gegrämt, als Ihre Jungfer Schwester ein Kindlein gebar, und hatte keinen Vater dazu. Es ist ein Büblein.

Sonst gibt's just nicht viel Neues«, setzte er hinzu. (Ebd., 170 f.)

Hebels Geschichte gestaltet eine Begegnung und ein kleines Interaktionsdrama. Sie vergegenwärtigt, wie der junge Herr Wilhelm von einer Gefühlsreaktion in die andere geworfen wird, und sie macht sinnfällig, wie der Knecht Hans auf all das mit immer derselben Gemütsruhe reagiert. Das geschieht über eine reichhaltig ausgearbeitete Stimmlichkeit, zu dessen Realisierung der Text auch anleitet: »voll Staunen und Freude« erblickt der junge Herr den unvermutet auftauchenden Knecht; »voll Schrecken« (»Um Gottes willen«) – vernimmt er, dass Haus und Hof abgebrannt sind, »voll Schmerz« schließlich (»Unglückselige Botschaft!«) muss er erfahren, dass sein Vater tot ist. Und Hans, der Knecht? Jede einzelne Katastrophennachricht wird ihm zum Anlass, kleine Anmerkungen anzubringen: »Ich hab's gleich gesagt.« – »und hat doch nichts geholfen.« – »So ein Fünklein ist bald verzettelt.« – »Es ist ein Büblein.« – und schließlich, die Schlusspointe: »Sonst gibt's just nicht viel Neues«.

Plastisch, lebendig, im ästhetischen Sinne anschaulich werden Hebels Figuren, weil ihr Text eine komplexere Stimmlichkeit besitzt, die den Wert- und Gefühlshintergrund der Sprechenden, den Sinnhorizont ihres Erlebens, sinnfällig werden lässt. Sie besitzen personale Prägnanz, weil ihr Sprechen als Ausdruck einer bestimmten Weise, Person zu sein, erscheint (vgl. Henrich 1975, 545).

Die Erfahrung, dass eine literarische Figur beim Lesen personale Prägnanz gewinnt, liegt jenseits der Frage, ob ein Charakter »flach« oder »rund«, »eindimensional« oder »mehrdimensional« angelegt ist, jenseits der Frage auch, welches Set an Merkmalen wir ihm zuschreiben und ob diese Merkmale ein unter psychologischen Gesichtspunkten nachvollziehbares Charakterprofil ergeben. Die psychologische Frage nach den Charakterzügen einer Figur muss von der ästhetischen Frage nach dem Gelingen ihrer Darstellung unterschieden werden (vgl. Ter-Nedden 1997/98, 203f.).

Man kann das nicht oft genug betonen. Literarische Figuren sind keine *echten*, sondern *nur nachgemachte* Menschen. Nachgemacht aber wird nicht eine Person, sondern personales Handeln und Interagieren; und dieses Handeln folgt eigenen, ästhetischen Gesichtspunkten. Literarische Figuren sind immer auch Figuren in einem Spiel, dessen Regeln man kennen muss, um sich an ihm erfreuen zu können. Auch hier lässt sich die literarische Erfahrung von dem Prozess des Verstehens nicht trennen. Denn der Genuss eines literarischen Textes speist sich aus zwei Quellen: der Freude an den *literarischen Figuren* und der Freude an der *Kunst ihrer Darstellung* (vgl. Tan 1994). Diese Freude kann viele Züge annehmen: Literarische Figuren sind solche ästhetischen Sinngebilde, in die man sich Hals über Kopf verlieben, die man abgrundtief hassen, über die man sich entsetzen, an denen man verzweifeln, die man bewundern oder über die man den Kopf schütteln kann – immer ist es unsere eigene Erlebnisfähigkeit, derer wir dabei innewerden. Und diese Freude wird gerahmt durch die Kunst des Textes, Personen in der Darstellung Prägnanz zu verleihen und sie so allererst zu konturieren.

Deshalb gehört es zu den ersten und immer wieder neu zu vollziehenden Lernschritten, die *Artikulationsform*, in der eine Figur für uns gegenwärtig wird, als Darstellungsleistung wahrzunehmen. Und deshalb ist es, wie eingangs bereits angedeutet, nicht unproblematisch, literarische Figuren in andere Artikulationsformen zu übersetzen. Die eigentliche Übung bestünde darin, sich in der Kunst der Artikulation selbst zu erproben: Parodieren geht, wie so oft, auch hier über Studieren (vgl. Fricke/Zymner 2007). Zu sprechen wie Schiller-Figuren. Oder Figuren von Thomas Mann. Oder ganz à la Brecht. Das Verstehen literarischer Figuren ist ohne einen lebendigen Sinn für (autorspezifische, gattungsspezifische, epochenspezifische) Darstellungsformen immer prekär.

Ein besonders lehrreiches Beispiel für die Fiktionen, die sich beim unreflektierten Psychologisieren über literarische Figuren ergeben, sind die Keuner-Geschichten Bertolt Brechts. Nicht nur im Schulunterricht besonders prominent ist die Geschichte *Das Wiedersehen*:

> Ein Mann, der Herrn K. lange nicht gesehen hatte, begrüßte ihn mit den Worten: »Sie haben sich gar nicht verändert.«
>
> »Oh!« sagte Herr K. und erbleichte. (Brecht 1995, 21)

Wolfgang Herrndorf hat ihr (und dem schulischen Interpretationsbetrieb) in dem seinerseits zum Schulklassiker avancierten Roman *Tschick* ein unvergessliches Denkmal gesetzt (vgl. Herrndorf 2010, 55): In Tschicks Interpretation ist Herr K. ein Waffenschieber, der sich einer Gesichtsoperation unterziehen ließ und nun darüber erschrickt, trotzdem erkannt worden zu sein – was sowohl dem Mann, der ihn erkennt, als auch dem Gesichtschirurgen teuer zu stehen kommt. So charmant abwegig diese Anschlussgeschichte ist, so plausibel ist doch die Idee, nach einer Anschlussgeschichte zu suchen: besteht die eigentliche Herausforderung für das Verstehen doch in der Frage, weshalb Herr K. die konventionelle Begrüßungsformel, die dazu da ist, eine Beziehung wiederherzustellen, auf so idiosynkratische Weise missversteht. Tschicks Anschlussgeschichte fragt nach den *Motiven der Figur* zu erbleichen; die Alternative, auf die es uns hier ankommt, besteht in der Frage nach den *Motiven des Autors*, die Figur auf so frappante Weise reagieren zu lassen. Sie rückt die je spezifische Art und Weise in den Blick, in der Brecht seine Figur inszeniert.

Wer mit Brechts ästhetischem Programm vertraut ist, weiß, dass es ihm durchgängig darum zu tun ist, psychologische Begründungszusammenhänge in soziologische zu übersetzen. Herr Keuner bildet hier keine Ausnahme. Wenn er angesichts der harmlosen Begrüßungsformel erbleicht, dann geschieht dies nicht deshalb, weil der Mann etwas Unstatthaftes gesagt hätte (weil er z. B. einen Entwicklungsprozess nicht wahrgenommen hat) – die Begrüßungsformel gibt Brecht Anlass, seine Figur auf exzentrische Weise Person sein zu lassen. Herr Keuner ist eine Kunstfigur. Brecht stilisiert ihn zu einer Art vorwissenschaftlichem Weisheitslehrer mit schalkhaften Zügen (vgl. Ter-Nedden 1983, 378). Er ist »der Denkende« (Brecht 1995, 13), der das, was er denkt, auch lebt. In der programmatischen ersten Geschichte der Sammlung wirft er einem Philosophieprofessor vor, unbequem zu sitzen, unbequem zu denken, unbequem zu reden: »Sehend deine Haltung interessiert mich dein Ziel nicht« (Brecht 1995, 13). Keuner ist ein Messias der Veränderung, der sich mit dem Geschichtsprozess im Einklang weiß und auf die Frage, woran er arbeitet, sagt: »Ich habe viel Mühe, ich bereite meinen nächsten Irrtum vor« (Brecht 1995, 15), eine Verkörperung von

Marx' elfter These über Feuerbach, die bekanntlich besagt, dass die Philosophen »die Welt nur verschieden interpretiert« haben: »es kömmt drauf an, sie zu verändern.«

Die *Geschichten vom Herrn Keuner* haben anekdotischen Charakter; sie zählen zu den »Geschichten von einer Person« und stehen in der Tradition des Apophthegmas, der Scherz- und Klugrede, die alles, was dieser profane Heilige sagt, als besonders denkwürdig und bedenkenswert erscheinen lässt (vgl. Ter-Nedden 1983, 382). Vielleicht kann man im unwillkürlichen Erbleichen dieser Kunstfigur eine Erfahrung artikuliert finden, die Brecht als Ausdruck der »finsteren Zeiten« identifiziert hat, in denen er lebte: die Erfahrung, dass es gefährlich ist, eine wiedererkennbare Identität zu besitzen (vgl. Ter-Nedden 1979, 296) – aber auch das erschließt sich dem Leser nicht im psychologischen Nachvollzug, sondern nur in der Reflexion auf eine genuin literarische Gestaltungsleistung.

Was lernen wir daraus? Wir nehmen literarische Figuren während der Lektüre als Personen wahr und wir müssen das tun, um an ihrem Glück und Leid Anteil nehmen zu können, aber wir verkennen den Status literarischer Figuren, wenn wir sie nach der Lektüre zum Gegenstand des psychologischen Räsonnements machen und darüber vergessen, dass sie literarisch geformt sind. Literarische Figuren sind – wenn sie als Personen Gestalt gewinnen – von ihrer Erscheinungsform, der Form ihrer literarischen Inszenierung, nicht zu trennen.

4 Temporalität: Vergegenwärtigung von Prozessen

Wir haben literarische Texte zunächst als Texte bestimmt, die von handelnden Personen und ihrem ichhaften Welterleben handeln – und diese Bestimmung auf die Formel »Mimesis von Personen durch Personen für Personen« gebracht. In einem zweiten Schritt haben wir uns die Schriftlichkeit der Literatur zum Thema gemacht und, daran anknüpfend, die Kunst, aus geschriebenen Sätzen Personen werden zu lassen. Die Grundbestimmung der kulturellen Praxis, die wir hier im Sinn haben, wäre aber unvollständig, wenn nicht wenigstens ein vierter Aspekt zur Sprache käme: die Zeitlichkeit der Literatur.

In der Debatte um das Phänomen der ästhetischen Illusion wird die Zeitlichkeit der Literatur unter dem Gesichtspunkt der Medienadäquatheit der Darstellung diskutiert (vgl. Wolf 2013, 48 f.). Medienadäquat ist eine Darstellung, die sich der Möglichkeiten und Grenzen ihres Darstellungsmediums bewusst ist. Der klassische Text, der sich diese Frage zum Thema macht, ist Lessings Schrift *Laokoon oder Über die Grenzen der Malerei und Poesie* (1766). Das Medium der Literatur ist die Sprache, »artikulirte Töne in der Zeit« (Lessing 2012, 114), wie Lessing sagt; sie kann deshalb nur das mimetisch vergegenwärtigen, was seinerseits zeitlich verfasst ist. Literatur, so Lessings Argument, ist eine Zeitkunst. Ihr Gegenstand sind Handlungen; Handlungen besitzen eine Verlaufsform, ein Telos, auf das sie abzielen und ohne das sie sich als Handlung gar nicht begreifen ließen. Das gilt auch für das, was Aristoteles Mythos nennt: einen in sich gegliederten Handlungszusammenhang, der einen Anfang, eine Mitte und einen Schluss hat. Gestaltqualitäten gewinnt dieser Handlungsverlauf, wenn er ein Ganzes bildet:

> Ein Ganzes aber ist, was Anfang, Mitte und Ende hat. Ein Anfang ist, was selbst nicht mit Notwendigkeit auf etwas anderes folgt, nach dem jedoch natürlicherweise etwas anderes eintritt oder entsteht. Ein Ende ist umgekehrt, was selbst natürlicherweise auf etwas anderes folgt, und zwar notwendigerweise oder in der Regel, während nach ihm nichts anderes mehr eintritt. Eine Mitte ist, was sowohl selbst auf etwas anderes folgt als auch etwas anderes nach sich zieht. (Aristoteles 1982, 25)

Die Kunst des Verstehens liegt darin, eine Folge von Sätzen als ein solches Sinnganzes wahrzunehmen, d. h. zu verstehen, weshalb dieser Anfang der Anfang dieses Endes und dieses Ende das Ende dieses Anfangs ist. Eine Geschichte, so lautet die Bestimmung der Erzähltheorie, bildet in einer Folge von Sätzen eine Folge von Ereignissen ab, die nicht nur aufeinander, sondern auch auseinander folgen (vgl. Weber 1998, 11–23). Nicht immer freilich haben literarische Texte die Prägnanz, die Geschichten besitzen, aber auch Gedichte bilden Prozesse nach – nicht eine Folge äußerer, sondern innerer Handlungen, zumeist Wahrnehmungs- oder Reflexionsbewegungen, generell gesprochen: eine Ausdrucksbewegung, die mit einem Anfang beginnt und zu einem ihm gemäßen Ende findet.

Am sinnfälligsten wird diese *ikonische* Qualität der Literatur als einer Zeitkunst an Texten, die eine Pointenstruktur aufweisen; aber letztlich lassen sich diese zeitlichen Gestaltqualitäten der Dichtung überall studieren (vgl. Vellusig

2015): an jedem Sonett, jedem Entscheidungsmonolog, selbst an einzelnen Romanpassagen wie zum Beispiel der folgenden, dem Anfang des Campusromans *Der Campus* von Dietrich Schwanitz:

»Verflucht!«

Hanno Hackmanns Hand öffnete und schloß sich vergeblich. Zwei Zentimeter entfernt lag der Manschettenknopf auf dem Teppichboden unter dem Biedermeier-Bett, aber er konnte ihn nicht zu fassen kriegen. Bloß mit dem Hemd bekleidet, noch ohne die zugehörige Smoking-Hose, hatte er sich ganz unter das Bett gezwängt und steckte nun fest wie in einer Felsspalte. Er konnte nicht mehr vor und zurück. In seinem Kreuz spürte er die Querleiste der Matratze, die ihn flach auf den Boden preßte. Dieses verdammte Biedermeier-Bett! Daß seine Frau auch alle Möbel durch Antiquitäten ersetzen mußte! Ärger quoll in ihm auf, während er versuchte, die rechte Schulter noch einen Zentimeter vorwärts zu renken. Das alte extra große Bett war das Symbol ihrer Jugend gewesen. Er hatte es geliebt, wie Napoleon Austerlitz geliebt hatte. Und nun hatte Gabrielle es auf den Sperrmüll gestellt, und der Möbelwagen von Kempner & Co. hatte Biedermeier-Möbel aus Kirschbaum gebracht, aus dem das Sägemehl der Jahrtausende rieselte. Seitdem konnte man kein Whiskyglas mehr beiläufig auf den Tisch stellen, ohne daß Gabrielle panisch herbeistürzte, um einen Untersatz drunterzuschieben. Und wenig später, nachdem die Orgie des Biedermeier begonnen hatte, bat sie ihn darum, er möchte sie fortan nicht mehr Gabriele nennen, sondern Gabrielle.

»Gabrielle!«

Keine Antwort. Sie war sicher im Bad. Wahrscheinlich noch im totalen Déshabillé. Dabei mußten sie sich beeilen. Er selbst hielt den Festvortrag, da konnten sie nicht zu spät kommen. (Schwanitz 1995, 5)

Inwiefern ist das für uns aufschlussreich? Mimetisch sprechend ist diese Passage, weil sie auf kunstvolle Weise eine kleine Ärgersequenz gestaltet. Sie beginnt unvermittelt, setzt, erzähltheoretisch gesprochen, emisch ein, mit einem »Verflucht!«, lässt dann in einer Gedanken- und Erinnerungsfolge (aus intern fokalisierter Erzählerrede, innerem Monolog und erlebter Rede) ein kleines Lebens- und Ehedrama vor uns vorüberziehen und endet schließlich in einem verärgerten »Gabrielle!«, in dem der Eingangsfluch nachhallt und die Erinnerungssequenz ihr verbales Echo findet. All das geschieht unmerklich und so, dass wir diesem Bewusstseinsprozess mit gespannter Aufmerksamkeit folgen.

Vielleicht lässt sich anhand dieser Passage noch einmal rekapitulieren, was uns in diesem Durchgang durch Grundbegriffe der Poetik beschäftigt hat: die Vergegenwärtigung von Personen durch eine kunstvolle Form der Mimesis: einer Mimesis des (1) personalen Erlebens und Handelns in Form eines (2) stimmlich vielgestaltigen Sprechens, das (3) zeitliche Gestaltqualitäten besitzt, eine prägnante Sinngliederung, die man mit Henri Meschonnic auch als Rhythmus bezeichnen kann (vgl. Lösener 1999, Kap. 1). Und das ästhetische *Gelingen* dieser Mimesis *von* Personen *durch* Personen erlaubt uns eine Erfahrung zu machen, die mit der von der Figur gemachten, literarisch vergegenwärtigten Erfahrung nicht identisch ist, sondern sie voraussetzt und sich auf sie bezieht. Der Romaneingang macht uns zu imaginären Augen- und Ohrenzeugen einer slapstickhaften Szene, in der auf teils rührend, teils grotesk komische, in jedem Fall besonders drastische Weise ein kleines Beziehungsdrama an uns vorüberzieht.

Mimesis für Personen: die Erfahrung, die literarische Texte uns eröffnen, ist das Telos des Spiels, das sie inszenieren. Ihren Qualitäten und der Frage, wie sich uns diese Erfahrung erschließt, wollen wir uns im nächsten Abschnitt zuwenden.

IV Erfahrung und Interpretation

Wie man literarische Erfahrungen macht, brauchen Kinder und Jugendliche nicht zu lernen. Solche Erfahrungen sind selbst Analphabeten zugänglich: Es genügt, einer Stimme zu lauschen, die eine Geschichte erzählt, oder Medien zu konsumieren, in denen Personen sprechen, handeln, denken, fühlen, miteinander interagieren. Was lernen Kinder und Jugendliche dann in der Schule? Die Schule ist der Ort, an dem sie in die *Schriftkultur* eingeführt werden und an dem sie lernen, die literarischen Erfahrungen, die sie machen, zur Sprache zu bringen. Der Literaturunterricht, der diese Aufgabe wahrnimmt, lehrt die Schülerinnen und Schüler, literarische Erfahrungen zu machen, indem er ihnen einen Sinn dafür vermittelt, was es heißt, diese *Erfahrungen* im Gespräch mit anderen Lesern zu *artikulieren*.

Das klingt verlockend leicht. Der Weg dorthin aber hat allerlei Fallstricke: Fallstricke nicht nur des Leistungsdrucks und der von den Schülern antizipierten Lehrererwartungen, sondern auch Fallstricke, die sich aus der Sache selbst – dem Spezifikum literarischer Texte – ergeben. Wer eine literarische Erfahrung macht, dem hat sich etwas erschlossen. Er hat in einem elementaren Sinn *etwas verstanden.* Nicht immer schon eine Darstellungs- und Gestaltungsabsicht, aber eine Weise Person zu sein, sich zu sich selbst und anderen Personen zu verhalten, Absichten zu verfolgen, sein Leben in Glück und Unglück, Freude und Leid zu erleben. Literarische Erfahrungen sind aber mehr als bloße Verstehensleistungen; es sind Formen des Verstehens, die dem Lesenden in welcher Form und in welcher Intensität auch immer, *Freude bereiten.* Ihnen liegt eine wie immer intuitive Einsicht in das Gelingen einer Darstellung zugrunde.

Gisbert Ter-Nedden hat den Problemzusammenhang, von dem hier die Rede ist, folgendermaßen charakterisiert:

> Literatur-Rezeption ist die Aneignung eines poetischen Textes durch den Leser als Subjekt ästhetischer Erfahrung. Diese Aneignung hat nicht – wie bei der Rezeption prosaischer Texte – die Form des Wissens, sondern die der Erinnerung: an Figuren und ihre Geschichten, an Bilder und Klänge, an Stimmungen und aufregende Situationen, an eine Stimme, die sich in einem unverwechselbaren Gestus der Artikulation mitteilt, und so fort. Dieses Ganze dessen, was sich uns einprägt, wenn wir ein Gedicht oder eine Geschichte lesen, eine Theater-Aufführung erleben oder uns einen Film anschauen, läßt sich nicht verlustlos verbalisieren, schon gar nicht mit Hilfe wissenschaftlicher Terminologien.
>
> Genau das ist gemeint, wenn man sagt, poetische Mitteilung sei formgebunden, ihr Inhalt von der Form seiner Mitteilung nicht ablösbar.
>
> Ein Historiker kann seinen Lesern mitteilen, was in einem bestimmten Akten-Korpus steht, und damit dessen Lektüre ersparen. Die Interpretation eines literarischen Textes setzt dessen Lektüre voraus und ist ohne sie gegenstandslos.
>
> Was wir erfahren, wenn wir ein Bild betrachten, eine Melodie hören, ein Gedicht lesen, das ist mit nicht-ästhetischen Mitteln nicht mitteilbar; genau darin liegt der Grund für die Unentbehrlichkeit und Unersetzbarkeit

> der Künste und zugleich der eigentliche Ursprung des Skandals der Interpretation. (Ter-Nedden 1987, 36)

Damit ist das Problemfeld abgesteckt, dem wir uns nun zuwenden wollen. Wir nähern uns ihm in zwei Schritten: zunächst, indem wir klären, was *literarische Erfahrungen* sind, dann, indem wir uns dem Verhältnis von *Erfahrung und Verstehen* widmen – und den *Formen der Interpretation*, die sich daraus ergeben.

1 Literarische Erfahrungen

Literarische Erfahrungen sind Erfahrungen, die wir im Umgang mit literarischen Texten als ästhetischen Phänomenen machen. Ästhetische Phänomene sind dazu gemacht, in ästhetischer Einstellung wahrgenommen zu werden. Von ästhetischer Einstellung sprechen wir, wenn wir uns unserer Wahrnehmung ganz hingeben können, weil wir *vom Handlungsdruck entlastet* sind. Erfahrungen, die wir in ästhetischer Einstellung machen, sind insofern *selbstzweckhaft* (sie genügen sich selbst) und *vollzugsorientiert*: Wir durchleben einen Prozess, und das, worauf es in diesem Prozess ankommt, erfahren wir nur im Vollzug dieses Prozesses. Ästhetische Erfahrungen sind Erfahrungen, die wir in der Begegnung mit Kunstwerken mit unserem eigenen Bewusstsein machen. Wir lassen uns, wenn wir solche Erfahrungen machen, von einem ästhetischen Phänomen faszinieren.

Nun ist der Begriff der Erfahrung allerdings vielschichtig. Wenn wir von Erfahrung und von Erfahrungen sprechen, dann können wir das – wie Stefan Deines, Jasper Liptow und Martin Seel (2013) erläutert haben – in einem phänomenalen, einem epistemischen und einem existenziellen Sinn tun.

Erfahrung im *phänomenalen Sinn* meint so viel wie sinnliche Wahrnehmung. Etwas erfahren heißt etwas erleben. Sinnlich konkret sind freilich nicht nur unsere Wahrnehmungen (also das, was wir in der Wirklichkeit *antreffen*), sondern auch unsere Vorstellungen (also das, was wir uns in der Imagination *vergegenwärtigten*). Die Lektüre literarischer Texte ist eine Erfahrung im phänomenalen Sinn, insofern literarische Texte imaginationsbildende Texte sind; sie vergegenwärtigen eine Wirklichkeit, die für uns auf der Bühne unseres Bewusstseins für die Zeit der Lektüre lebendig wird.

Erfahrung im *epistemischen Sinn* meint die Erkenntnis, die wir gewinnen, wenn wir etwas erfahren. Wenn wir etwas »aus eigener Erfahrung« kennen, kennen wir es direkt und unmittelbar. Wir lernen etwas und bilden durch Erfahrungen Erwartungen oder gar Überzeugungen darüber aus, wie die Welt beschaffen ist. Wer Erfahrungen gemacht hat, ist erfahren. Erfahrungen, die wir bei der Lektüre literarischer Texte machen, sind streng genommen keine Erfahrungen im epistemischen Sinn; sie vermitteln uns aber doch eine *Ahnung* davon, wie es wäre, in einer bestimmten Situation zu sein und eine bestimmte Erfahrung zu machen. Und sie vermitteln uns eine Ahnung davon, wie es für jemanden *anderen* (der oder die nicht wir selbst sind) ist, in einer bestimmten Situation zu sein und eine bestimmte Erfahrung zu machen. Erfahrungen im epistemischen Sinn machen wir bei der Lektüre literarischer Texte aber in anderer Hinsicht: Lesend machen wir Leseerfahrungen; wir schulen unsere Erfahrung im Umgang mit ästhetischen Phänomenen. Ästhetische Erfahrungen machen uns im Umgang mit Kunstwerken erfahren, sodass wir durch sie zu erfahrenen Leserinnen und Lesern werden. Sie beruhen – wie Harry Lehmann betont hat – auf der Fähigkeit, *Wahrnehmungsvergleiche* zu machen (vgl. Lehmann 2016, 16–26). Wer literarisch erfahren ist, besitzt ein feines *Unterscheidungsvermögen*. Er ist in der Lage, seine aktuelle Erfahrung mit vorgängigen Erfahrungen abzugleichen und Unterschiede wahrzunehmen: Unterschiede in den Gestaltqualitäten von Texten und den ihnen entsprechenden Wirkungen. Erfahrungsbildung ist immer auch eine *Schulung der Selbstwahrnehmung*.

Erfahrungen im *existenziellen Sinn* sind Erfahrungen, die für uns eine lebensgeschichtliche Bedeutsamkeit gewinnen. Sie sind dadurch gekennzeichnet, dass sie uns tief bewegen oder gar erschüttern, weil sie das uns Bekannte übersteigen und unsere Erwartungen desillusionieren. Solche Erfahrungen sind dann unvergesslich; es sind Erlebnisse in einem eminenten Sinn. Schlüsselerlebnisse zählen dazu oder gar das, was man (in Erinnerung an Paulus von Tarsus) Damaskus-Erlebnisse nennt, d. s. Erlebnisse, die wir als Bruch mit der eigenen Identität erfahren. Auch wenn das ein seltener Ausnahmefall sein dürfte, ist es doch gut, sich bewusst zu machen: Literarische Erfahrungen sind sehr persönliche Angelegenheiten, und persönliche Angelegenheiten sind, je persönlicher sie sind, in hohem Maße schützenswert.

Rainer Maria Rilke hat in seinem Gedicht *Der Leser* (1908) die Leseerfahrung als eine solche existenzielle Erschütterung dargestellt (Rilke 2015, 487). Das ist vielleicht eine dichterische Imagination, aber jede Lektüre, die uns für die Zeit des Lesens der Welt entrückt (sinnlich-sinnenhaft konkret, selbstzweckhaft, vollzugsorientiert), ist eine Erfahrung im emphatischen Sinn – auch wenn wir dabei Erfahrungen nur in der Imagination machen.

Der Leser

Wer kennt ihn, diesen, welcher sein Gesicht
wegsenkte aus dem Sein zu einem zweiten,
das nur das schnelle Wenden voller Seiten
manchmal gewaltsam unterbricht?

Selbst seine Mutter wäre nicht gewiss,
ob er es ist, der da mit seinem Schatten
Getränktes liest. Und wir, die Stunden hatten,
was wissen wir, wieviel ihm hinschwand, bis

er mühsam aufsah: alles auf sich hebend,
was unten in dem Buche sich verhielt,
mit Augen, welche, statt zu nehmen, gebend
anstießen an die fertig-volle Welt:
wie stille Kinder, die allein gespielt,
auf einmal das Vorhandene erfahren;
doch seine Züge, die geordnet waren,
blieben für immer umgestellt.

Die Leseforschung hat die Erfahrung, von der in diesem Gedicht die Rede ist, im Detail nachgezeichnet (vgl. Anz 1998). Zur Inspiration wurden ihr dabei auch die Arbeiten des ungarischen Psychologen Mihály Csíkszentmihályi. Csíkszentmihályi hat den Begriff des Flow-Erlebnisses geprägt und damit eine Glückserfahrung bezeichnet, die sich auf das Bedürfnis zurückführen lässt, »*zu entspannter, konzentrierter Aufmerksamkeit stimuliert zu werden*« (ebd., 65). Flow-Erlebnisse sind autotelische, d. h. selbstzweckhafte Erfahrungen: Sie finden ihr Ziel in sich selbst. Leseerlebnisse sind mit ihnen in vielfältiger Hinsicht vergleichbar. Aktivitäten, die zu Flow-Erlebnissen führen, sind herausfordernd, entsprechen aber unseren Fähigkeiten; sie weisen also eine dynamische Balance zwischen Challenge und Skill auf. Sie besitzen ein klares Ziel mit konkreten Rückmeldungen, sodass sich die Aufmerksamkeit selbst stabilisiert und zu völliger Konzentration und Hingabe führt. Dabei verändern sich das Zeitgefühl und die Selbstwahrnehmung – wir vergessen die Zeit und uns selbst – und ein Gefühl spielerischer Autonomie stellt sich ein (vgl. Muth 1996).

Von einem solchen Flow-Erlebnis spricht auch Rilkes Gedicht. Man kann es geradezu als Exemplifikation eines trancehaft fokussierten, zeit- und selbstvergessenen Leseerlebnisses verstehen. Dennoch würde man die Artikulationsleistung des Gedichts verkennen, wollte man es auf einen solchen Gehalt reduzieren. Weshalb ist das so? Weil die Erfahrung, die wir lesend machen, mit der Erfahrung, die der Text gestaltet, nicht identisch ist. Die Kunst, eine Erfahrung literarisch zu vergegenwärtigen, eröffnet Lesenden eine Erfahrung eigener Art und eigenen Rechts. Poesie ist Mimesis *von* Personen *durch* Personen *für* Personen. Das bedeutet im konkreten Fall: Rilkes Gedicht lässt uns zu Betrachtern eines Leseprozesses werden. Was sich im Leser vollzieht, bleibt uns verborgen; aber wir erahnen es, weil Rilke den Leseprozess als körperlichen Prozess vergegenwärtigt. Unsere Erfahrung ist die Erfahrung eines staunenden, vielleicht auch erschütterten Betrachters, der sich von dem, was dem Leser widerfährt, affizieren lassen soll.

Das Gedicht macht uns zu Augenzeugen einer Verwandlung, die als Fremdsein, Fremdwerden und Entfremdung zur Sprache kommt (»Wer kennt ihn, diesen …?«, »Selbst seine Mutter wäre nicht gewiss, / ob er es ist …«, »Und wir, die Stunden hatten, / was wissen wir, wie viel ihm hinschwand …«); und dieser Verwandlungsprozess wird im Gesicht des Lesers sinnfällig: in seinem Senken des Kopfes, seinem mühsamen Aufblicken, seinem entrückten Blick, den für immer umgestellten Gesichtszügen. Dass dieser Prozess den Leser in den dem Willen unzugänglichen Tiefen seines Wesens erfasst, deutet sich in der Metaphorik des Dunklen, der Tiefe, der Schwere an, die das Gedicht prägt: in der Rede vom »Schatten«, der das Gelesene tränkt, vom Wegsenken des Gesichts, vom mühsamen Auf-sich-Heben dessen, »was unten in dem Buche sich verhielt«.

Rilkes Gedicht übersetzt die Erfahrung des Lesens, die die Psychologie des Lesens auf den *Begriff* zu bringen versucht, in die einmalige *Erfahrung* eines Einzel-Ich, dem eine Verwandlung widerfährt, und er stellt diese Verwandlung in den Werthorizont seiner Lebensgeschichte. Denn darin besteht die Pointe des Gedichts: Dass es sich dabei um eine einmalige und dauerhafte tektonische Verschiebung handelt, die sich im Gesicht dieses Ich »für immer« abzeichnet. Sinnfällig wird dies im Wandel vom *Modus der Beschreibung* (»Wer kennt ihn, diesen …?«) zum *Modus des Erzählens*, der sich im zweiten Teil des Gedichts vollzieht und in die Erkenntnis mündet: »doch seine Züge, die geordnet waren, / blieben für immer umgestellt«.

All das hat etwas Faszinierendes, vielleicht Verstörendes, etwas, das Staunen macht, vielleicht kündet es von der Erfahrung eines Schönen, das – wie es in der ersten *Duineser Elegie* heißt – »nichts / als des Schrecklichen Anfang« ist (Rilke 2015, 759). Vielleicht erinnert es nicht zu Unrecht an das berühmte Gedicht vom *Archaischen Torso Apollos*, das mit den Worten anhebt: »Wir kannten nicht sein unerhörtes Haupt« und das in die Einsicht mündet: »Du musst dein Leben ändern« (Rilke 2015, 413). Wie sollen wir uns zu der Geschichte dieses Lesers verhalten, an der wir für die Zeit, in der wir das Gedicht sprechen, Anteil nehmen? Welche Erfahrung erschließt sich uns? Vielleicht rührt sie an die Frage, ob wir bereit sind, uns solchen Kunsterfahrungen auszusetzen, in denen uns etwas auf Wohl oder Weh widerfährt: »WOLLE die Wandlung. O sei von der Flamme begeistert« (Rilke 2015, 816), heißt es in den *Sonetten an Orpheus*.

2 Die Kunst des Verstehens

Literarische Erfahrungen sind erlebnisintensiv. Sie ziehen uns ins Spiel. In der literatur- und kunsttheoretischen Diskussion ist von den »immersiven Qualitäten« literarischer Texte oder bildlicher Darstellungen die Rede, d. h. von der Erfahrung, in der Wirklichkeit, die der literarische Text entwirft, »rezentriert« zu sein und sie wie eine Wirklichkeit zu erleben (vgl. Wolf 2013, 11 f.). Dabei bleiben wir uns freilich der Tatsache bewusst, dass all das, was uns in der Imagination gegenwärtig wird, nur Spiel ist – wir tauchen in eine mit sprachlichen Mitteln vergegenwärtigte Wirklichkeit *ein*, aber wir tauchen, wie Lambert Wiesing lakonisch festgestellt hat, dort nicht *auf* (vgl. Wiesing 2009, 228).

Nun stellt sich diese Intensität des Erlebens allerdings nur dann ein, wenn sich ihm keine Verständnishürden in den Weg stellen. Das Erleben ist auf vielfältige Weise vom Verstehen abhängig; und das Verstehen ist selbst ein erlebnisintensiver Prozess. Das eine ist ohne das andere nicht zu haben. Wie lässt sich die Frage nach der *Objektivierbarkeit* des Verstehens mit der Frage nach der *Subjektivität* des Erlebens vermitteln? Dem wollen wir uns in zwei Schritten widmen. Zunächst indem wir klären, in welcher Hinsicht Interpretationen Gültigkeit beanspruchen dürfen und müssen; dann indem wir uns noch einmal der Frage nach der Formgebundenheit poetischer Rede zuwenden und so der Spezifik des ästhetischen Sinnverstehens auf die Spur kommen. Im ersten Fall geht es um das Verstehen eines literarischen Textes als Text; im anderen um das Verstehen seiner literarischen Qualitäten.

Kreatives Problemlösen

Verstehensprobleme lassen sich nicht so lösen, wie man Aufgaben bewältigt, bei denen man weiß, was zu tun ist. Sie gehören zu einem Typ von Problem, der sich dadurch auszeichnet, dass er »ill-defined« ist: Unklar bestimmt sind Probleme, bei denen es weder Klarheit darüber gibt, wie man sie lösen soll, noch darüber, woran man erkennen kann, dass man sie gelöst hat (vgl. Dörner 1976, 202). Die

Mittel der Problemlösung und die Zielkriterien, an denen sich die Lösung des Problems prüfen lässt, konkretisieren sich wechselseitig.

Wenn Verstehensprozesse kreative Prozesse sind, wenn sie dem folgen, was die Hermeneutik als »Zirkel« bezeichnet hat, d. h. einem Prozess der sukzessiven Klärung von Verständnisproblemen und Verständniszielen, dann kann Verstehen nicht das direkt anvisierte Ziel, sondern nur das glückliche Ergebnis dieses Prozesses sein. Verstehen ist identisch mit dem »Verschwinden des Nichtverstehens«: »Ich verstehe« heißt: »Ich habe verstanden« (Spaemann 2010, 173). Was man verstanden hat, erkennt man vollends aber erst dann, wenn man in der Lage ist, es zur Sprache zu bringen.

Das ist der Grund, weshalb sich der Prozess des Verstehens allen einschlägigen Bemühungen zum Trotz kognitionstheoretisch nicht sinnvoll modellieren lässt: »Ergebnisse des Verstehens müssen intersubjektiv sprachlich verfügbar bleiben, damit künftige Verständigung daran anschließen kann. Sie müssen also systematisch in Sprache eingehen können« (Feilke 1996, 11). Jedes Verstehen, jeder Akt der Interpretation, ist zuallererst ein Akt der Übersetzung. Ohne die Übersetzung des Verstandenen in eigene Rede kann man nicht sehen, ob man etwas verstanden hat oder nicht. Und mehr noch: man kann nicht einmal ausschließen, etwas missverstanden zu haben. Denn auch Missverstandenes besitzt ja den Status eines »Ich habe verstanden«. Mit anderen Worten: »Verstehen ist, was passiert, wenn kommuniziert wird, ohne daß das Begehren aufkommt, ein Mißverständnis zu beseitigen« (Reemtsma 2016, 95).

Deshalb bedarf der Prozess des Verstehens in letzter Instanz eines Gegenübers, dessen Verstehen das eigene Verstehen noch einmal klärt und konturiert. Darin liegt seine latente Dialogizität – sie ist nicht eine Dialogizität zwischen Text und Leser, sondern zwischen Leser und Leserin. Das Gespräch ist die Arbeit am Nicht-Verstandenen; es wird im Gespräch produktiv. Das Verstehen vollendet sich im Gespräch. Interpretatorische Mündigkeit besteht deshalb darin, den Mut zu haben, sich zu seinem Nicht-Verstehen zu bekennen und das Nicht-Verstehen zu erkunden. Wer sich bewusst macht, dass er etwas nicht versteht, hat viel verstanden.

Interpretation und Geltungsprüfung

Alles Verstehen beginnt zwar mit dem Bemerken von Bemerkenswertem; die Kunst der Interpretation ist aber eine Kunst der Geltungsprüfung (vgl. Hirsch 1972, Kap. 5). Ihre Güte ermisst sich daran, ob sich das, was man bemerkt hat, auch als relevant erweist. Jan Philipp Reemtsma hat deshalb betont, dass das »Reden über Literatur [...], die Frage nach der Verallgemeinerbarkeit des subjektiven Ich-meine [...], keine Zutat zu einer ›literarischen Kultur‹, sondern ihr unabdenkbarer Bestandteil« ist (Reemtsma 2016, 104).

In der literaturdidaktischen Diskussion wird die Notwendigkeit, das eigene Verstehen im Gespräch mit anderen zu klären, mit dem Argument begründet, dass Schülerinnen und Schüler erst so mit dem Wesen der Literatur in Kontakt kommen. »Gespräche über Literatur«, so Thomas Zabka, »sind deshalb wichtig, weil Literatur mehrdeutig ist.

Diese Mehrdeutigkeit erschließt sich Lernenden aber erst, wenn sie mit ihr konfrontiert werden, wenn sie sich im Gespräch über ihr Textverstehen und ihre Interpretationen austauschen« (Zabka 2020, 4).

Nun ist die Rede von der Mehrdeutigkeit der Literatur ihrerseits mehrdeutig; als generelles literaturtheoretisches Dogma ist sie zuletzt mit guten Gründen problematisiert worden (vgl. Jannidis 2013). Im Fokus der Literaturdidaktik steht vor allem die Frage der textuellen Kohärenzbildung, die Schülerinnen und Schüler vor besondere Herausforderungen stellt, weil sie »Geduld, Flexibilität und ggf. auch Frustrationstoleranz im Verstehensprozess« erfordert und den Lernenden abverlangt, »das bleibende Nicht-Verstehen von Zusammenhängen nicht nur auszuhalten, sondern es als Moment der literarischen Gestaltung und der damit verbundenen Möglichkeiten für die Lesenden wertschätzen zu können« (Zabka u. a. 2022, 43).

Nun ist das Nicht-Verstehen allerdings nicht immer schon ein Indiz für die Gestaltqualität eines literarischen Textes und Mehrdeutigkeit nicht immer schon ein ästhetisches Gütesiegel. Es gibt Formen des Nicht-Verstehens, die sich philologisch beheben lassen; und es gibt Formen von Mehrdeutigkeit, die unauflösbar sind. Deshalb lohnt es sich, die Frage nach der Geltungsprüfung textbezogener Äußerungen zu differenzieren.

Der Normalfall des Nicht-Verstehens beruht auf schlichten Defiziten. Der Prozess des Verstehens kommt dort an seine Grenzen, wo ihm Verständnisvoraussetzungen fehlen. Die dabei entstehenden Verständnisprobleme lassen sich nur dadurch lösen, dass man sich mit der Sprach-, Bilder- und Gedankenwelt des Autors und seiner Zeit vertraut macht. Diese philologische Erarbeitung von Verständnisvoraussetzungen ist methodisch objektivierbar; ihr Prinzip ist die Erweiterung und Vertiefung des Verstehens durch die Erarbeitung von Kontexten, deren Relevanz sich ihrerseits in einem Prozess der sukzessiven Geltungsprüfung allererst erweist. Der Maßstab ihres Gelingens ist der Grad der Evidenz, den die vorgeschlagene Interpretation besitzt (vgl. Szondi 1978, 280).

Die Frage nach der ›richtigen Interpretation‹, die sich in der Schule erledigt hat, ohne doch entsorgbar zu sein, lässt sich besser beantworten, wenn man sie anders stellt und nach der *Gültigkeit* von Interpretationen (oder besser von Interpretationshypothesen) einerseits und nach der *Verbesserbarkeit* von Interpretationen andererseits fragt. Rezeptionen sind unverbesserlich (vgl. Schlaffer 1985, 396); für Interpretationen gilt das nicht:

- Es gibt *objektiv falsche* Aussagen über einen Text – Irrtümer, die zumeist auf fehlenden Verständnisvoraussetzungen beruhen. Interpretationen sind *verbesserbar*, weil und insofern es ihnen um die Klärung von konkreten Verständnisproblemen und die Behebung von Missverständnissen geht. Missverständnisse sind kein Ausdruck der Freiheit, sondern der Beschränktheit des Verstehens, die man als solche erst erkennt, wenn man darüber aufgeklärt wurde, dass man einem Missverständnis unterlegen ist.
- Es gibt *Grade des Verstehens*: Verstehen ist ein offener, tendenziell unabschließbarer Prozess. Die philologischen Lösungsvorschläge für das Verstehensproblem beanspruchen Verbindlichkeit, sind aber durch alternative

oder weitergehende Interpretationsversuche revidierbar. Der Normalfall ist nicht die »Über-«, sondern die »Unterinterpretation« eines Textes.

- Interpretationen lassen sich nicht nur dadurch verbessern, dass man Verstehensprobleme eruiert und durch die Erarbeitung von Verständnisvoraussetzungen löst, sondern auch, indem man *die Fragen verbessert*, die sich sinnvollerweise stellen lassen. Es gibt »silly questions« (vgl. Walton 1990, 174–183): Fragen, die verkennen, dass Kunstwerke nicht das Leben selbst, sondern nur dessen nachahmende Darstellung sind. Weil sie keinen Sinn für die Logik des Spiels haben, laufen solche Fragen Gefahr, literarische Figuren unreflektiert zu psychologisieren (vgl. Ter-Nedden 2003). Dumm ist z. B. die Frage, weshalb Othello, der doch keineswegs gebildet ist, in Versen spricht. Sie ist dumm, weil der Vers nicht Teil der *fiktiven Welt* ist, sondern zur Logik des *fiktionalen Spiels* gehört. Man kann ihn nicht der Figur zurechnen, ihn also – mit Horst-Jürgen Gerigk zu sprechen – nicht innerfiktional, sondern nur außerfiktional verstehen (vgl. Gerigk 2016, 32–36).

Die Frage nach der richtigen Interpretation verliert ihr medusenhaftes Antlitz, wenn man zwischen (philologisch fundierter) *Interpretation* und (je individueller) *Rezeption* unterscheidet. Eric D. Hirsch hat die Frage nach dem vom Autor intendierten und philologisch rekonstruierbaren »Sinn« (*meaning*) eines Textes gegen die subjektive »Bedeutung« (*significance*), die der Text für den Leser hat und die der Leser im Text entdeckt, profiliert (vgl. Hirsch 1972, 87 ff.). Mit der literarischen Erfahrung, der Subjektivität des

Leseerlebnisses, die in dieser Unterscheidung zur Geltung kommt, ist aber ein ernstes methodisches Problem verbunden, dem wir uns abschließend zuwenden wollen.

3 Die Reflexion des Erlebens

Wir haben den »Skandal der Interpretation« (Ter-Nedden), an dem sich die Literaturdidaktik abarbeitet, einleitend auf den grundlegenden Konflikt zwischen einer prosaisch-wissenschaftlichen Kultur und einer literarisch-ästhetischen Kultur zurückgeführt: Und wir haben gesehen, dass es die mimetischen, die *personalen* und die *prozesshaften* Qualitäten der Rede sind, die jene Formgebundenheit poetischer Mitteilungen konstituieren, die das Sprechen über Dichtung zur Herausforderung macht (vgl. Ter-Nedden 1987, 36). Wer diskursive Texte verstehen möchte, ist darauf verwiesen, sich ihre Schlüsselbegriffe und ihre Argumentationslinien verständlich zu machen, indem er sie paraphrasiert. Die Interpretation literarischer Texte aber lässt sich nicht als Übersetzung begreifen, denn die Sprache der Dichtung folgt nicht der Logik eines *diskursiven*, sondern eines *präsentativen* Symbolismus (vgl. Langer 1984, Kap. 4): sie besitzt kein Vokabular, keine Syntax, sie lässt sich nicht paraphrasieren, sondern *zeigt* etwas auf *ganzheitliche* Art. In ihren Gestaltqualitäten gleicht sie der Sprache des Bildes; anders aber, als Bilder dies tun, entfaltet sie ihren Sinn in einem Artikulationsprozess und dieser Prozess lässt sich nicht in die Sprache des Begriffs übersetzen. Die Welt, die die literarisch-ästhetische Kultur erschließt, indem sie sie *vergegenwärtigt*, ist die Welt, wie sie uns aus der *Perspekti-*

ve des Erlebens gegeben ist; ihre Erkenntnis hat nicht die Gestalt eines begrifflich artikulierbaren Wissens, sondern lebendiger Erinnerung.

Deshalb sind die Routinen des schulischen Interpretierens – die Paraphrase des Inhalts, die Beschreibung der Form, das Sprechen über die Gefühle, die der literarische Text in uns geweckt hat – Notlösungen. Sie trennen Inhalt und Form, sie vermischen Rezeption und Interpretation und sie provozieren das privatistische Missverständnis, dass das Sprechen über die Erfahrung, die sich mir in der Lektüre erschließt, ein Sprechen über mich selbst ist. Tatsächlich ist das Gegenteil der Fall: Über literarische Erfahrungen sprechen heißt, über das zu sprechen, was der Text zeigt; das aber ist nur möglich, wenn wir bereit sind, uns selbst als diejenigen zu zeigen, die für solche Erfahrungen empfänglich sind. Denn wir sind es ja, die sich zum Medium dieser Erfahrung gemacht haben und die sich als Erlebnissubjekte für den Text verbürgen. Das macht das Sprechen über Literatur zu etwas in hohem Maße Persönlichem – ohne dass wir über Persönliches explizit Auskunft geben müssten.

Der Versuch, der sinnlich-sinnenhaften, prozesshaften literarischen Erfahrung innezuwerden, bedarf einer eigenen Ausdrucksbemühung. Die ihr angemessene Artikulationsform ist deshalb die Reflexion, das Sich-Zurückbeugen auf eine vorgängige Erfahrung. Sie versucht sinnfällig zu machen, was es an dem jeweiligen Text wahrzunehmen gibt und in welcher Hinsicht er ästhetisch sprechend ist, d. h. eine Erlebniswirklichkeit erschließt. Die ästhetische Reflexion unternimmt den Versuch, das, was wir erlebt haben, mit dem abzugleichen, was im Text geschrieben steht.

Die Reflexion der literarischen Erfahrung, d.h. der *Wirkung*, die der Text im Prozess der Lektüre entfaltet hat, fällt mit der Erkundung der *Wirkungsweise* des literarischen Textes zusammen (vgl. Lösener 2009, 14f.).

Jan-Philipp Reemtsma hat mit Nachdruck darauf aufmerksam gemacht, dass die Wendung zur »Betrachtung der Wörter, ihrer So-und-nicht-anders-Folge, ihres So-und-nicht-anders-Lautens« jener Moment ist, in dem wir unser »*Mir*-ist-aufgefallen« ins Spiel bringen müssen: »Wer einen literarischen Text interpretiert, hat sein Sach' aufs Ich gestellt" (Reemtsma 2016, 105f.). Was das heißt, »sein Sach' aufs Ich zu stellen«, zeigt sich schon bei den Ausdrücken, die wir verwenden, um literarische Erfahrungen zu charakterisieren: sie sind berührend, bewegend, ergreifend, erschütternd, heiter, komisch, spannend, fesselnd usw. – das alles sind distinkte Prädikate, die über die ästhetischen Qualitäten eines Textes Auskunft geben. Denn über ästhetische Qualitäten kann nur sprechen, wer ihre Wirkung erlebt hat. Wirkungen sind »subjektive Tatsachen«, d.s. Tatsachen, die nur ein Subjekt verbürgen kann (vgl. Schmitz 2015, 158). Erfahrungen sind subjektiv, die Artikulation einer Erfahrung ist es nicht – sie ist Teil der literarischen Kultur. An ihr teilzuhaben heißt, sich zu seinem Erleben noch einmal bewusst zu verhalten.

Literarisch-ästhetisches Sinnverstehen ist eine Form des Erlebens (der subjektiven Erfahrung), in der die Spezifik eines literarischen Werkes wirksam wird. In der sprachlichen Artikulation dieser Erfahrung präzisiert und differenziert sich die Poetik des Werks. Indem man seine Erfahrung zum Gegenstand der Reflexion macht, *lenkt* man die Aufmerksamkeit auf diejenigen Qualitäten des Textes, die *er-*

fahrenswert sind. Die *Transitivität* und die *Subjektivität* des Verstehens gehören zusammen. Der Imperativ des ästhetischen Sinnverstehens lautet daher: Zeig mir, worauf ich meine Aufmerksamkeit richten soll, damit auch ich die Erfahrung mache, die dich bewegt, berührt, begeistert, erschüttert etc. hat (vgl. Vellusig 2013b, 252–256). Zeig dich im Verstehen, damit dein Verstehen zeigend wird.

Wie könnte das konkret aussehen? Tatsächlich waren bereits die Beispiele, anhand derer wir die Grundbegriffe der Poetik erläutert haben, Fingerübungen eines solchen Sprechens über Literatur, das eine Formbeschreibung ohne Interpretationsertrag vermeidet und die Frage nach dem Gelingen der Darstellung im Blick hat.

Man kann sich die ästhetischen Qualitäten eines Textes bewusst machen, indem man sich an der Formel orientiert, die wir ins Zentrum unserer Überlegungen gestellt haben. »Poesie ist Personalisierung«: Mimesis erstens von Personen, zweitens durch Personen, drittens für Personen. Aus ihr lassen sich drei Fragen ableiten: (1) Von welcher Erfahrung ist in diesem Text die Rede? (2) Wie wird diese Erfahrung literarisch dargestellt? (3) Welche Erfahrung erschließt sich mir in der Lektüre? Darin besteht die eigentliche Kunst des literarischen Verstehens: Sie hat nicht nur die dargestellte Wirklichkeit, sondern auch die Art und Weise im Blick, in der sie dargestellt wird und uns als Wirklichkeit erscheint. Lesend müssen wir auf beides achten: »auf Darbietung und Dargebotenes« (Seel 2007, 35). Literarisches Verstehen ist der Nachvollzug einer Darstellungsleistung und einer in ihr Gestalt gewordenen Erkenntnis.

Wir wollen das abschließend an einem Gedicht erproben, das zu den prominentesten Gedichten der deutschen

Literatur überhaupt zählt: Joseph von Eichendorffs *Mondnacht* (1837) (zit. nach Frühwald 1984, 394).

Es war, als hätt' der Himmel
Die Erde still geküßt,
Daß sie im Blütenschimmer
Von ihm nun träumen müßt'.

Die Luft ging durch die Felder,
Die Ähren wogten sacht,
Es rauschten leis die Wälder,
So sternklar war die Nacht.

Und meine Seele spannte
Weit ihre Flügel aus,
Flog durch die stillen Lande,
Als flöge sie nach Haus.

Was wird hier mit literarischen Mitteln anschaulich gemacht? Das Gedicht vergegenwärtigt die Erinnerung an eine außergewöhnliche Erfahrung: Es stellt dar, wie jemand in einer Mondnacht einen Moment glückhafter Geborgenheit und Weite erlebt. Wie wird diese Erfahrung dargestellt? Das Gedicht evoziert eine nächtliche Landschaft, die voll zarter und zärtlicher Bewegung ist – von Bewegungen erfüllt, die sich dem wahrnehmenden Ich in einer Fülle sinnlicher Modalitäten mitteilen: als sachtes Wogen, als leises Rauschen, als leiblich spürbare Zirkulation der Luft. Adorno erschien Eichendorffs Gedicht zeitlebens »als wäre es mit dem Bogenstrich gespielt« (zit. nach ebd., 395). Das ist eine der Sanftheit, die hier vergegenwärtigt wird, durchaus angemessene Charakterisierung. Das Ich, das hier spricht, wird von den atmosphärischen Anmutungsqualitäten dieser Landschaft sanft berührt, so wie diese selbst sanft berührt worden zu sein scheint: »Es war, als hätt' der Himmel / Die Erde still geküßt«. Die Blüten, die im Mondlicht schimmern (übrigens ohne, dass der Mond selbst genannt wird), verleihen der Landschaft ein träumendes Antlitz und sollen als träumerischer Abglanz des Sternenhimmels wahrgenommen werden, der emphatisch berufen wird: »So sternklar war die Nacht.«

Richard Alewyn hat in seinem immer noch lesenswerten Essay über *Eine Landschaft Eichendorffs* darauf hingewiesen, dass die Ferne in Eichendorffs Landschaften ein »wahrhaft magischer Ort« ist (Alewyn 1982, 223). Auch in diesem Gedicht entspinnt sich zwischen ihr und dem Hier eine leiblich-seelische Kommunikation. Wir haben das als Erfahrung der Geborgenheit und inneren Weite charakterisiert, gemeint ist etwas ebenso Schlichtes wie Elementares: ein hohes Aufatmen, die weite Öffnung des Brustraums, ein langes, sich verströmendes Ausatmen, in dem die Seele ihren Frieden und ihr Glück findet und jene innere Weite erlebt, die mit dem Gefühl identisch ist, in der Weite des Raumes oder besser wohl: der Schöpfung geborgen zu sein.

Seinen eigentlichen Imaginationsspielraum aber findet das Gedicht im Sprechen, das hier notiert und inszeniert wird. Die Vorstellungsbewegung, die es entwirft, ist zugleich auch eine rhythmisch-intonatorische Ausdrucksbewegung; sie tritt als rhythmische Gestalt in Erscheinung, die wir uns, das Gedicht sprechend, zu eigen machen können. Der Rhythmus ist, wie Henri Meschonnic sagt, eine »Gestaltung oder Konfiguration des Subjekts in seiner Rede« (zit. nach Lösener 1999, 6): die *sinnliche* Gestalt, die das Subjekt im Sprechen gewinnt, eine *Verkörperung* innerer Bewegtheit. Das Gedicht vergegenwärtigt einen Erinnerungs- und Ausdrucksprozess; es tut dies in der rhythmisch-syntaktischen Schlichtheit der Verse, die ein ruhiges Atmen evozieren, und es tut dies an seiner markantesten Stelle: in jenem Vers, in dem der sonst übliche Auftakt von einer zeilenübergreifenden Alternation überlagert wird: Wer das Gedicht verständnisvoll lesen und seine Wirkungsmacht erfahren will, muss sich – hoch auf- und weit ausatmend – zum Medium dieser rhythmischen Ausdrucksgestalt machen: »Und meine Seele spannte / Weit ihre Flügel aus«.

Theodor Fontane hat in seinem Roman *Irrungen, Wirrungen* (1888) seiner weiblichen Hauptfigur Lene das Glück zuteilwerden lassen, in einem besonders misslichen Moment eine Eichendorff-Landschaft zu erleben und jene Erfahrung zu machen, von der das Gedicht *Mondnacht* spricht (Fontane 2019, 80 f.). Lene hat das Fenster geöffnet, die Nachtluft »erquickt« sie; am Fensterbrett sitzend, den Arm um das Kreuzholz geschlungen, horcht und blickt sie in die Nacht hinaus:

> Eine tiefe Stille herrschte, nur in der alten Ulme ging ein Wehen und Rauschen und alles, was eben noch von Verstimmung in ihrer Seele geruht haben mochte, das schwand jetzt hin, als sie den Blick immer eindringlicher und immer entzückter auf das vor ihr ausgebreitete Bild richtete. Das Wasser flutete leise, der Wald und die Wiese lagen im abendlichen Dämmer und der Mond, der eben wieder seinen ersten Sichelstreifen zeigte, warf ei-

> nen Lichtschein über den Strom und ließ das Zittern seiner kleinen Wellen erkennen.
>
> »Wie schön«, sagte Lene hochaufatmend. »Und ich bin doch glücklich«, setzte sie hinzu.
>
> Sie mochte sich nicht trennen von dem Bilde. Zuletzt aber erhob sie sich, schob einen Stuhl vor den Spiegel und begann ihr schönes Haar zu lösen und wieder einzuflechten.

Fontane hat das, was wir in dieser Leseübung auszubuchstabieren versucht haben, in Szene gesetzt. Lenes »hochaufatmend« gesprochenes »Wie schön« ist die Erfahrung, die sich auch dem Leser von Eichendorffs Gedicht *Mondnacht* erschließt: seine Wirkung, die Wirkung des Schönen, liegt in der Erfahrung eines gesteigerten Lebensgefühls (vgl. Böhme 2010, 177). Durch die stillen Lande fliegen, als flöge man nach Haus, und sein Haar lösen und wieder einflechten sind im Grunde eins: ästhetisch anschauliche Glückserfahrungen. Dazu ist es nicht nötig, eine solche Mondnacht und eine solche Mondnachtlandschaft am eigenen Leib erlebt zu haben. Es genügt ein Wesen zu sein, dem solche leiblich-seelischen Wirklichkeiten prinzipiell erschlossen sind. Das Gedicht bringt sie zur Sprache und macht sie, die zunächst selbst nicht sprachlich verfasst sind, zur geteilten Erfahrung.

V Sprachausbau durch Textualität

1 Die Aufgabe des Deutschunterrichts

Gehören literarische Erfahrungen in den Deutschunterricht? Wer diese Ansicht vertritt, wird erklären müssen, worin ihr Beitrag für die Lernbereiche des Faches liegt: Sprechen, Zuhören, Lesen, Schreiben, Sprachausbau und Sprachreflexion. Zweifellos hat das, was literarische Erfahrungen ausmacht, mit jedem der genannten Bereiche *irgendwie* zu tun. Aber wie genau? Wer eine Ahnung, aber noch keine Anschauung von etwas hat, muss eine Perspektive für das entwickeln, was er in den Blick nehmen will. Das verlangt eine theoretische Anstrengung. Das griechische Wort *theoría* (θεωρία) meint genau das: Anschauung oder Sichtweise und die so gewonnene Erkenntnismöglichkeit. Um die Frage nach dem Lernpotential literarischer Erfahrungen im Deutschunterricht beantworten zu können, bedarf es also einer *Theorie für das Lernen durch literarische Erfahrungen.*

An erfahrungsorientierten Konzepten für den Literaturunterricht mangelt es nicht. Gemeinsam ist ihnen, dass sie von einer Zweiteilung des Deutschunterrichts in einen sprach- und einen literaturdidaktischen Bereich ausgehen: auf der einen Seite der für das sprachliche Lernen zuständige Sprachunterricht, auf der anderen der Literaturunterricht für literarische Lernprozesse. Diese Aufteilung hat historische Gründe und ist noch relativ jung. Sie stammt aus den 1960er Jahren, als in der Bundesrepublik Deutschland im Zuge der universitären Neugründungen die germanistischen Lehrstühle in eine linguistische und eine literaturwissenschaftliche Abteilung (mit der Mediävistik als drittem Bereich) untergegliedert wurden. Die Didaktik ist diesem Trend gefolgt mit zunächst unmerklichen, aber weitreichenden Konsequenzen für die didaktische Theoriebildung und die Schulpraxis. Die neu gegründete Literaturdidaktik wollte sich in den 1970er Jahren lieber im »kritischen Lesen« üben und kreative Leseexperimente durchführen, als die herkömmliche »Leselehre« fortzuführen. Und die Sprachdidaktik orientierte sich an den aktuellen linguistischen Trends (Kommunikationstheorie, Strukturalismus, generative Grammatik etc.), deren schulische Umsetzung die Beherrschung der deutschen Sprache selbstverständlich voraussetzte. Das hatte zur Folge, dass das »weiterführende Lesen« als curricular verankerter Bestandteil des Deutschunterrichts von der Grundschule bis zum Ende der Mittelstufe verschwand und von einer übergreifenden Sprachlernperspektive für das Fach insgesamt nicht mehr die Rede sein konnte (vgl. Haueis 2004). Kritisiert wurde diese Entwicklung zunächst kaum, erst als die Ergebnisse der ersten PISA-Studie 2000 in der Öffentlichkeit für Erstaunen sorgten, wurde klar, dass im Deutschunterricht etwas grundsätzlich falsch läuft. Seitdem haben sich die Leseleistungen insgesamt nicht verbessert, aber es ist zumindest jedem klar, dass ein Umdenken notwendig ist und dass die Deutschdidaktik sich der Frage stellen muss, wie der Unterricht zum systematischen Ausbau der Sprach- und Lesefähigkeiten aller Schülerinnen und Schüler beitragen kann. Wer diese Probleme angehen will, muss wissen, welche Rolle der Deutschunterricht dabei spielt und worin seine genuine Aufgabe besteht.

Diese Frage erfordert einen Gesichtspunkt, von dem aus sich die Ziele, Methoden und Modellierungen des Deutschunterrichts bestimmen lassen. Gefragt wird also nach der Möglichkeit einer *Gesamttheorie des Deutschunterrichts.* Von einer solchen kann angesichts der Vielfalt von Inhalten, methodischen Konzepten, Kompetenzmodellen und Anforderungsprofilen vorerst nicht die Rede sein. Auch ein Blick in die Lehrpläne der Länder hilft da nicht weiter, sondern bestätigt lediglich die Vermutung, dass der Deutschunterricht mehr und mehr zu einem Containerfach wird, dem alles angetragen wird, was gerade bildungspolitisch opportun oder gesellschaftlich in Mode ist und irgendwie mit der deutschen Sprache zu tun hat. So stellt sich zunächst einmal die Frage, wodurch das Unterrichtsfach Deutsch eigentlich definiert ist.

Bei der Suche nach einer Antwort fündig wird man, wenn man sich den historischen Wurzeln der Schule zuwendet. Man stößt dabei auf die *Kogenese von Schule und Schrift.* Als vor 4000 Jahren in Mesopotamien die Keilschrift erfunden wurde, entstanden die ersten Formen schulischen Lernens, wie archäologische Ausgrabungen und die dabei gefundenen Tontafeln mit Schreibübungen von Schülerhand belegen (vgl. Edzard 2004, 532). Dass die Einführung der Alphabetschrift und die Entstehung der Schule einander bedingen, bestätigten Zeugnisse aus den folgenden Jahrhunderten. Überall, wo man beginnt, die Schrift für Kultur und Verwaltung zu nutzen, werden Schulen gegründet, in denen ihr Gebrauch gelehrt wird. In der Kogenese von Schule und Schrift liegt der Schlüssel für das, was das schulische Lernen insgesamt und damit auch den Deutschunterricht konstituiert: sein Bezug zur *Schrift-*

lichkeit und zu den Gegenständen, die aus ihr gewonnen werden. Das mag offensichtlich sein, wo es um das Lesen und Schreiben geht, aber das gilt auch dort, wo zugehört, erzählt, vorgetragen, präsentiert oder diskutiert wird, denn jede dieser Lerntätigkeiten wird an die Schriftlichkeit rückgebunden und bleibt auf sie bezogen.

Die *Zentralität der Schriftlichkeit* im schulischen Lernen ist der Grund dafür, dass im Unterricht immer auch eine Sprachlichkeit thematisiert werden muss, die sich erst in der Schriftlichkeit herausbildet. Denn beim Lesen- und Schreibenlernen begegnen die Lernenden vielfältigen Ausprägungen der *Anderssprachlichkeit geschriebener Texte*, die entweder zur Lernchance oder aber zum unüberwindlichen Lernhindernis werden kann. Ob das eine oder das andere der Fall ist, hängt von einer Weichenstellung ab, die bereits in der didaktischen Modellierung vollzogen wird. Wird Deutsch als »Mutterspracheunterricht« erteilt und damit der »monolinguale Habitus« (Gogolin 1994) der letzten Jahrzehnte aufrechterhalten, kommen im Unterricht vor allem die Lernenden zum Zuge, die bereits bei der Einschulung auf einem hohen Niveau Deutsch sprechen. Diejenigen, die die deutsche Sprache noch nicht oder unzureichend beherrschen, müssen dagegen mit zusätzlichen Fördermaßnahmen vorliebnehmen, sofern diese angeboten werden. Die gesellschaftspolitische Funktion des Deutschunterrichts besteht dann nolens volens darin, Bildungsgewinner und Bildungsverlierer entlang des Ausschlusskriteriums »Muttersprachkompetenz« zu produzieren. Dieser Mechanismus kann nur dann außer Kraft gesetzt werden, wenn die Förderung der Sprachlichkeit zur Kernaufgabe des Deutschunterrichts wird, und zwar in allen Lernbereichen des Faches (vgl. Haueis/Lösener 2022).

Für die Arbeit mit literarischen Texten heißt das insbesondere, dass das *Erlesen* von Texten eine größere Rolle im Unterricht spielen muss, als das bislang der Fall ist. Tatsächlich gehört das »weiterführende Lesen« nach wie vor zu den curricular am wenigsten systematisierten Lernbereichen, mit der Folge, dass im Unterricht zu selten gelesen, zu wenig lesen geübt und kaum über Gelesenes gesprochen wird – vor allem, aber nicht nur in den nicht-gymnasialen Schulformen. Um das zu ändern, bedarf es einer didaktischen Perspektive, die Sprachlernen und Lesenlernen verbindet. Sie ergibt sich, wenn man von den geschichtlichen Prozessen, also der Soziogenese, ausgeht, die mit der Verschriftung einer Volkssprache in Gang gesetzt werden.

Von dem Moment an, an dem eine Vernakularsprache (d. h. eine bis dahin nur mündlich gebrauchte Volkssprache) verschriftet wird, setzen vielfältige *Ausbauprozesse* ein, die sich über mehrere Jahrhunderte erstrecken (vgl. Maas 2014, 425 ff.). Sie beginnen im germanischen Sprachraum im 9. Jahrhundert, als im Zuge der Christianisierung zunächst Gebete und Taufgelöbnisse, dann Übertragungen aus der Bibel und Dichtungen in der Volkssprache aufgezeichnet werden. Im Laufe der Zeit wird die Schriftlichkeit dann für immer komplexere Aufgaben in Wirtschaft und Verwaltung herangezogen, was drei Arten von Ausbauprozessen auslöst: *sprachbezogene*, durch die Ausdifferenzierung der lexikalischen und syntaktischen Möglichkeiten des so sich herausbildenden überregionalen Standards (»Hochdeutsch«); *schriftbezogene*, hinsichtlich der Normen der Verschriftlichung selbst, die sich im Gebrauch entwickeln; und *textbezogene*, durch neue Textgattungen und -sorten, die in der Schriftkultur entstehen (Haueis 2016, 41 ff.). Vorangetrieben werden diese Entwicklungen von zwei Dynamiken, die in allen Domänen der Schriftsprachlichkeit wirksam sind: einer *Dynamik der Normierung* einerseits, da für jedes Wort, für jede Schriftart und jede Textsorte zu klären ist, wie jeweils etwas *richtig* zu schreiben und zu lesen, also auch auszusprechen, ist; und einer *Dynamik der Pluralisierung* andererseits, die sich in einem beständig wachsenden Archiv von Texten in unterschiedlichen Schreib- und Sprechstilen, Gattungen, Fachsprachen und Epochenstilen niederschlägt. Die beiden Dynamiken bedingen sich und folgen zugleich einer gegenläufigen Logik.

Das Spannungsverhältnis von *Normierung* und *Pluralisierung* ist eine sprachgeschichtliche Tatsache, die unsere Schriftkultur bis heute prägt, nicht nur, wenn Fragen der Orthographie, des richtigen oder falschen Sprechens oder der Sprachmoral verhandelt werden, sondern auch, wenn in der Schule an sprachlichen Gegenständen und mit ihnen gelernt wird. Zugleich findet sich hier die Erklärung dafür, warum das Lernen im Deutschunterricht nicht von einem einzigen Gesichtspunkt aus konstruiert werden kann und die Lernperspektive für jeden Gegenstand, jede Unterrichtstunde und jede Lernsequenz eigens festzulegen ist. Geht man von der doppelten Dynamik des Sprachausbaus von Schriftsprachen aus und berücksichtigt die auf Ferdinand de Saussure zurückgehende sprachtheoretische Unterscheidung zwischen der Sprache als System (*langue*) und als Rede (*parole*), so ergeben sich vier Eckpunkte für das sprachliche Lernen im Unterricht: die Perspektive der

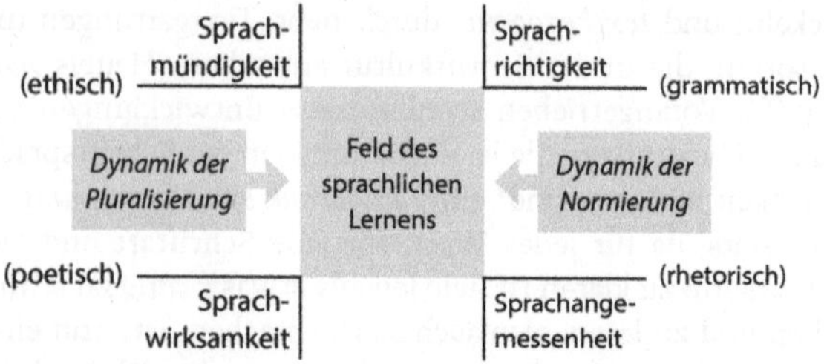

Abb. 1: Vier Perspektiven des sprachlichen Lernens (nach Haueis/Lösener 2022, 156).

Sprachrichtigkeit, der *Sprachangemessenheit*, der *Sprachwirksamkeit und* der *Sprachmündigkeit*.

Die das Feld des schulischen Sprachlernens prägende Dynamik von Normierung und Pluralisierung ist ein Effekt der Dichotomie zwischen der Sprache als jedesmaliger Rede (*parole*) und als gemeinsamem Repertoire (*langue*). Beide stehen in beständiger Wechselwirkung: Das individuelle Sprechen setzt das Sprachsystem voraus, das durch die Sprachtätigkeit unablässig, wenn auch unmerklich verwandelt wird. Da diese Wechselwirkungen auch die Schriftlichkeit prägen und sich darüber hinaus mündlicher und schriftlicher Sprachgebrauch gegenseitig beeinflussen, kann es nicht die eine, übergeordnete Perspektive geben, von der aus Sprache zum Gegenstand schulischer, also schriftorientierter Lernprozesse wird. Um der Komplexität dieser Konstellation gerecht zu werden, muss von einem Zusammenspiel verschiedener Lernperspektiven ausgegangen werden, die sich gegenseitig voraussetzen, aber nicht auseinander ableitbar sind. Jede dieser Perspektiven bietet eine eigene Antwort auf die Frage, was beim Umgang mit literarischen Texten gelernt werden kann.

2 Vier Lernperspektiven

Sprachrichtigkeit

Wenn vom sprachlichen Lernen im Deutschunterricht die Rede ist, denkt man vermutlich als erstes an den Gesichtspunkt der *Sprachrichtigkeit*: In der Schule wird gelernt, richtig zu lesen, richtig zu schreiben, richtig zu sprechen. Da über das, was dabei jeweils als »richtig« gilt, grammatische Kriterien entscheiden, kommt der *Grammatik* eine Schlüsselrolle beim schulischen Sprachlernen zu. Erklären lässt sich dies aus der grammatischen Funktionsweise der Alphabetschriften (vgl. Stetter 1999): Weil Alphabetschriften grammatisch reguliert sind, wird Sprache insgesamt als grammatisches Phänomen aufgefasst, das seine ideale Realisierung in der Schrift erfährt. Diese Schlussfolgerung liegt insofern nahe, als die Landessprache das Ergebnis einer schriftlichen Soziogenese ist, durch die sie überhaupt erst zum Maßstab für das »richtige« Schreiben und Sprechen im öffentlichen Raum werden kann. In dieser Wechselwirkung zwischen Schriftlichkeit und Mündlichkeit liegt denn auch die Voraussetzung für das, was Utz Maas das »republikanische Projekt« eines Unterrichts in der Landessprache nennt (Maas 2008, 139). Denn auch, wenn die Landessprache nicht die Muttersprache aller Einwohner eines Landes ist, ist sie von den im Alltag gesprochenen Varietäten aus erreichbar. Das schulische Sprachlernen muss daher an die Potentiale anknüpfen, über die die Lernenden bereits verfügen, sich also an dem Prinzip des *Sprachausbaus* orientieren (ebd., 271). Unter Sprachausbau versteht Maas die Entfaltung der Sprachfähigkeiten der Lernenden von den Varietäten und dem jeweiligen Niveau aus, das sie mitbringen. Das ist zu bedenken, wenn literarische Texte in der Schule gelesen, besprochen und diskutiert werden, weshalb sich das Grundprinzip des schulischen Sprachlernens auf diese Formel *Sprachausbau durch Textualität* bringen lässt. Zur literarischen Textarbeit gehören daher immer Fragen wie: »Was bedeutet dieses Wort? Wie ist dieser Satz zu verstehen? Wie kann man das anders sagen und verändert sich dann der Sinn? Oder auch: Wie würden wir das heute ausdrücken? Auf diese Weise werden Sprachlernpotentiale von Texten genutzt und sprachliche Muster situativ eingeübt (vgl. Budde 2012). Von der ersten Klasse an sollten die Kinder dabei auch für die verschiedenen »Sprachen des Deutschen«, also für die *innere Mehrsprachigkeit*, sensibilisiert werden. Über entsprechende Kenntnisse müssen aber auch Lehrkräfte verfügen, damit sie nicht unreflektiert von »gutem« und »schlechtem« Deutsch sprechen, sondern verständlich machen können, dass sprachliche Normen immer nur innerhalb eines bestimmten Verwendungsbereichs gelten.

Sprachangemessenheit

Um Textualität und die Begegnung mit ihr geht es auch, wenn *Sprachangemessenheit* zur Lernperspektive wird. Der Begriff der Angemessenheit (lat. *aptum*) stammt aus der rhetorischen Tradition, was erwarten lassen könnte, dass diese Perspektive vor allem in mündlichen Sprachlernsituationen relevant ist. Meistens wird Angemessenheit in der Schule jedoch eingefordert, wenn es um das Schreiben geht, um das Verfassen von Nacherzählungen, Erörterungen, Inhaltsangaben oder Interpretationen zu literarischen Texten, deren Bewertung sich jeweils an den im Unterricht erarbeiteten Kriterien der Angemessenheit orientiert. Das ist unvermeidlich, birgt aber die Gefahr der *Formalisierung der Schreibprodukte*, etwa im Fall des Interpretationsaufsatzes, von dem bereits die Rede war (vgl. Kap. II.2). Unverzichtbar bleibt die Perspektive der Sprachangemessenheit dennoch für das Lernen mit und durch Textualität. Die Entdeckung, dass die mündliche Auseinandersetzung mit Texten eigene Anforderungen an die Ausdrucksweise stellt, oder auch die Erfahrung, dass man beim Schreiben anders formuliert, weil man etwas gründlicher durchdenken kann, gehören zu den Schlüsselmomenten des schulischen Lernens (Ortner 1995). Hier liegen didaktische Potentiale des erfahrungsbezogenen Sprachlernens, die bei weitem noch nicht ausgeschöpft sind.

Sprachmündigkeit

Aus einer Konstellation, die bereits im frühen Spracherwerb zu beobachten ist, ergibt sich die *Sprachmündigkeit* als dritter Lernperspektive. Ontogenetisch steht sie an erster Stelle, denn sie bildet die Voraussetzung des Spracherwerbs und steht am Anfang allen Sprachlernens. Eine Mutter spricht mit ihrem Säugling, als könnte es jedes Wort verstehen und adäquat antworten. Sein Brabbeln, seine Augenbewegungen, sein unwillkürliches Gestikulieren wird von ihr so aufgenommen, als handle es sich um verständliche Wörter, vollständige Sätze und sprachrichtige Äußerungen. In allen Kulturen überall auf der Welt ist diese Form der dialogischen Anerkennung die Voraussetzung dafür, dass Kinder überhaupt Sprache erwerben können. Sprachmündigkeit ist daher keine Kompetenz, die erst nach und nach erlangt wird, sondern das ethische Prinzip, das jedem Kompetenzerwerb zugrunde liegt. *Sprachmündigkeit muss gewährt werden, damit sie erworben werden kann.* Dies geschieht, wenn sich das Lernen an der Maxime orientiert: »Du kannst bereits, was du gerade lernst«, wenn also das, was Elly Glinz im Begleitband zum *Schweizer Sprachbuch* für das Schreiben formuliert, für alle Sprachtätigkeiten des Deutschunterrichts gilt: »Alle Schülerinnen und Schüler können schreiben, wenn sie schreiben dürfen, wie sie schreiben können« (Glinz 1997, 105). Damit steht die Lernperspektive der Sprachmündigkeit in einem Spannungsverhältnis zu den Anforderungen der Sprachrichtigkeit, die eine Normativität voraussetzt, die mit den sprachlichen Gegenständen gegeben ist. Diese Spannung lässt sich theoretisch nicht auflösen, aber sie kann in der Praxis produktiv gemacht werden. Das gelingt in heterogenen Unterrichtssituationen vor allem dann, wenn erfahrungsorientierte Lernwege eröffnet werden (vgl. Bräuer/Wiprächtiger-Geppert 2019).

Sprachwirksamkeit

So grundlegend die Perspektive der Sprachmündigkeit auch sein mag, zu einem Besserverstehen des Textes führt sie nicht von selbst und in jedem Falle. Dazu bedarf es des Gesichtspunkts der *Sprachwirksamkeit*. Auch diese Perspektive ergibt sich nicht aus einem normativen Zugang zur Sprachlichkeit, sondern aus der Erfahrung, dass Sprache immer auch Aktivität und Handlung ist. Wer spricht und etwas äußert, vollzieht eine doppelte Handlung, zum einen, weil man sprechen »tut« und zum anderen, weil mit jeder Äußerung ein Sprechakt vollzogen wird. Sprechen ist ein Tun, das etwas macht: eine Bitte äußern, eine Schlussfolgerung ziehen, eine Behauptung aufstellen, vor etwas warnen, etwas empfehlen, etwas verteidigen, anklagen, unterscheiden, vergleichen, gleichsetzen, anpreisen, herabsetzen, in den Himmel loben, verdammen, bestätigen, widerlegen etc. Wer spricht, realisiert Sprache als Tätigkeit und vollzieht dabei immer auch eine oder mehrere *Illokutionen* – so der Fachbegriff aus der Sprechakttheorie. Die illokutionäre Kraft der Äußerung hängt dabei wesentlich davon ab, *wie* etwas geäußert wird: Der Satz »Yvan, schau mir in die Augen« aus Yasmina Rezas Theaterstück *Kunst* kann je nach Intonation und Kontext eine zärtliche Aufforderung, eine ernste Ermahnung, ein augenzwinkernder Kommentar und noch einiges mehr sein. Sprechakte sind Äußerungen auch dann, wenn sie in schriftlicher Form vorliegen. Auch ein Bußgeldbescheid enthält eine Reihe von Illokutionen, die auf verlässliche Weise ihre Wirkung tun. Texte sind sprachliche Handlungen – das gilt auch für literarische Texte, und zwar in einem mehrfachen Sinne: Sie stellen Handlungen von Personen für Personen durch Personen dar und inszenieren diese als Erzähl- oder Figurenrede, Monolog oder Dialog. Wenn literarische Texte sprachliche Handlungen sind und solche in Szene setzen, dann sind sie mehr als nur hermeneutische Objekte, denen man Bedeutungen entnimmt oder zuweist. Sie verstehen heißt mithin, sie als Subjekttätigkeit wahrzunehmen und die ihnen eingeschriebenen Handlungsmomente aufzuspüren und zu erkunden. Das literarische Verstehen zielt daher immer auch auf die Präzisierung und Reflexion der sprachlichen Handlungsdimensionen von Texten. Hier gibt es deshalb sehr wohl ein Besser-Verstehen und also auch ein (Noch-)Nichtverstehen, Halbverstehen und Missverstehen. Erstaunlicherweise hat sich die Literaturdidaktik bislang kaum für den Handlungscharakter literarischer Texte interessiert. Das gilt übrigens auch für den handlungs- und produktionsorientierten Literaturunterricht, der sich zwar für die Schüler als handelnde Subjekte, nicht aber für die den Texten eigene Handlungsdimension, ihre semantische Performativität also, interessiert hat (vgl. Haas/Menzel/Spinner 1994).

Das zwischen diesen vier Lernperspektiven aufgespannte Feld definiert den theoretischen Rahmen für das Sprachlernen, das alle Bereiche im Deutschunterricht durchdringt. Denn gleichgültig, ob im Unterricht gelesen oder geschrieben wird, ob gesprochen und zugehört oder über Sprache nachgedacht wird, immer sind es sprachliche Lernprozesse, an denen sich die Modellierung der Gegenstände und die Wahl der Ziele und Methoden orientiert. Eine Theorie des literarischen Erfahrungslernens kann deshalb in diesem

Feld verortet und aus den Perspektiven gewonnen werden, die dieses Feld definieren. Eine solche Theorie muss aber auch erklären können, was literarische Erfahrungen eigentlich sind und wie solche Erfahrungen zu Lernerfahrungen werden können. Antworten auf die erste Frage wurden bereits im literaturtheoretischen Teil des Bandes gegeben (Kap. IV), auf der Suche nach der Beantwortung der zweiten wird man unter anderem bei John Dewey fündig.

VI Lernen durch Erfahrung

Für den amerikanischen Philosophen und Reformpädagogen John Dewey, auf den die vielzitierte Formel des *learning by doing* zurückgeht, liegt der »Grundirrtum« der schulischen Unterrichtsmethoden in der Annahme, dass Erkenntnisse lehrbar seien und Erfahrungen bei den Lernenden vorausgesetzt werden können (Dewey 2008, 205). Alle Fächer stellen einen »fertigen Lehrstoff« an den Anfang des Unterrichts, »ohne Rücksicht auf irgendwelches unmittelbare Erleben einer gegebenen Sachlage« (ebd.). Erfahrung ist für Dewey jedoch nichts, das Lernprozesse begleitet, sondern ihr einzig möglicher Modus. Erst in der Erfahrung und durch sie kann überhaupt so etwas wie ein »Lernstoff« entstehen, weshalb sie am Anfang der Begegnung mit dem Gegenstand steht: »Die erste Berührung [...] mit jeder Art von neuem Stoff muß bei jedem menschlichen Reifegrad immer und unvermeidlich ein blindes Herumprobieren, ein ›Versuchen auf gut Glück‹ sein« (ebd.).

Wenn Erfahrungen zu Lernerfahrungen werden sollen, bleibt es jedoch nicht dabei. Denn zum Probieren als aktivem Tun gehört das passive Erleiden der sich daraus ergebenden Folgen: Das Kind, das mit dem Finger der Flamme einer Kerze zu nahe kommt, fühlt den Schmerz – und zieht seine Hand zurück. Aktives Handeln und passives Erleben der Folgen gehören zusammen, was die Voraussetzung für das ist, was Dewey »denkende Erfahrung« (»reflective experience«) nennt (ebd., 201). Das Zurückziehen der Hand geschieht unwillkürlich, aber die Reflexion des Erlebens führt zu Schlussfolgerungen und eröffnet neue Handlungsoptionen. So wird das Denken selbst »zu einer besonderen Form der Erfahrung« (ebd., 195). Diese Art der kognitiven Aktivierung ergibt sich allerdings nicht von selbst, sie setzt »ein persönliches Interesse am Ergebnis eines Geschehens, eine gewisse – wenn auch vielleicht nur unwirkliche – Identifizierung unseres eigenen Geschickes mit dem Lauf der Dinge voraus« (ebd.).

Erfahrung im Sinne Deweys ist persönlich und sachlich zugleich, subjektiv und objektiv. Mehr noch, für Dewey löst der Begriff der Erfahrung die alten Dualismen auf, die die europäische Philosophie seit der Antike mitschleppt: Geist versus Materie, Sprache versus Welt, Denken versus Handeln, Kultur versus Natur – denn sie blenden allesamt die Erfahrung als Modus der Erkenntnis von Wirklichkeit aus. Die Welt ist das, was im Handeln denkend Bedeutung gewinnt, wodurch das Denken selbst zu einem Handeln wird, das Welterkundung betreibt: »Da die Sachlage, aus der das Denken geboren wird, zweifelhaft ist, ist der Vorgang des Denkens ein Befragen, ein forschendes Betrachten ein Erkunden der Dinge« (ebd., 198). Damit löst sich auch der Unterschied zwischen Forschen und Lernen auf: »Alles Denken ist jedoch Forschung, alle Forschung ist eigene Leistung dessen, der sie durchführt, selbst wenn das, wonach er sucht, bereits der ganzen übrigen Welt restlos und zweifelsfrei bekannt ist« (ebd.). Das ist die Idee des Erfahrungslernens, ohne die Konzepte wie das »forschende« oder »entdeckende« Lernen, der Projektunterricht, aber auch der handlungs- und produktionsorientierte Literaturunterricht nicht denkbar wären (vgl. Mergen 2022).

Wie aber wird eine Erfahrung zu einer »denkenden Erfahrung«, zu einem methodischen Handeln, das auf Erkenntnis zielt und neue Handlungsoptionen eröffnet? Dewey nennt fünf Eigenschaften, die die »denkende Erfahrung« auszeichnet: Sie gehe *erstens* mit »Befremdung, Verwirrung, Zweifel« einher, weil man sich in einer »unabgeschlossene[n], ihrem Wesen nach noch nicht völlig bestimmte[n] Sachlage« befinde, auf die man *zweitens* durch »eine probeweise Deutung der gegebenen Elemente« reagiere, die *drittens* eine »sorgfältige Erkundung (Erforschung, Feststellung, Prüfung, Zergliederung) aller erreichbaren Umstände« nach sich ziehe, aus der *viertens* vorläufige Annahmen gewonnen und immer besser fundiert werden, um dann *fünftens* zur »Entwicklung eines Planes für das eigene Handeln [...] in der Absicht« zu gelangen, »gewisse Ergebnisse zu erzielen und dadurch die Richtigkeit der Annahme nachzuprüfen« (Dewey 2008, 201). Vor allem durch den »Umfang und die Genauigkeit des dritten und vierten Schrittes« unterscheidet sich die »denkende Erfahrung« von routinemäßigen Handlungsabläufen oder einem Handeln »auf gut Glück« (ebd., 202). Die Parallelen zwischen dem, was Dewey »denkende Erfahrung« nennt, und dem, was im ersten Teil des Bandes über literarische Erfahrungen gesagt wurde, sind offensichtlich: Hier wie dort gibt es ein Kontinuum von intuitivem und methodischem Vorgehen, subjektivem Erleben und forschendem Erkunden, explorativer Begegnung und reflexiver Auseinandersetzung.

Deweys Beitrag zur Pädagogik und zur allgemeinen Didaktik kann nicht hoch genug veranschlagt werden, denn er begründet eine *Anthropologie des Erfahrungslernens*, die auch heute noch die theoretischen Voraussetzungen für eine grundlegende Reform des schulischen Lernens bereitstellt (vgl. Knoll 2017). In der Dewey-Rezeption (vgl. Neubert 2004) hat sich die Unterscheidung zwischen *primären* und *sekundären* Erfahrungen etabliert (vgl. Bräuer/Rank 2008, 74). Primäre Erfahrungen entstehen demnach in der handelnden Begegnung mit der Welt, sekundäre in deren reflektierender Bearbeitung. Diese können wieder zum Ausgangspunkt neuer Primärerfahrungen werden und durch die gewonnenen Erkenntnisse in der Reflexion eine andere Richtung erhalten oder an Tiefe gewinnen. Die Unterscheidung zwischen primären und sekundären Erfahrungen ist nicht unproblematisch, weil für Deweys Erfahrungsbegriff gerade das nicht-dualistische Kontinuum von Handeln und Denken, Erleben und Verstehen, Erfahren und Erkunden ausschlaggebend war. Behält man jedoch im Blick, dass es hier um eine methodische Abfolge und nicht um einen begrifflichen Gegensatz handelt, dann kann sie für die didaktische Modellierung von Lerngegenständen hilfreich sein. Sie wird in diesem Sinne auch in den folgenden Überlegungen wieder aufgegriffen, wenn es um literarische Gespräche und die beiden Erfahrungsmodi der Exposition und der Elaboration in Verstehensprozessen geht.

Die didaktische Ausbildung der Lehrkräfte sieht freilich anders aus. Hier ist die »Sachanalyse«, die fachliche Auseinandersetzung mit dem Lerngegenstand, unverzichtbarer Bestandteil der Prüfungsleistung in den Lehrproben. »Fachlich« meint dabei in der Regel »fachwissenschaftlich« in Abgrenzung zu fachdidaktischen Erwägungen. Bis heute orientiert sich dieser Teil des sogenannten »ausführlichen Unterrichtsentwurfs« an Heinrich Roths Forderung nach einer »vorpädagogischen Sachanalyse«, in der der Gegenstand und seine Lernbarkeit getrennt betrachtet werden sollen: »Es ist völlig verkehrt, bei diesen ersten Bemühungen schon an das Kind zu denken. Es geht zunächst um die Sache« (Roth 1963, 119). Damit wird eben jene Trennung von Lehrstoff und Lernprozess gefordert, in der Dewey das Grundübel des herkömmlichen Unterrichts sah.

Dabei hat schon Wolfgang Klafki den didaktischen Charakter jeder unterrichtsvorbereitenden Auseinandersetzung mit den Lerngegenständen betont: »Man kann den prinzipiellen Sinn der Unterrichtsvorbereitung in die Formel fassen: Die Vorbereitung soll eine oder mehrere Möglichkeiten zu fruchtbarer Begegnung bestimmter Kinder mit bestimmten Bildungsinhalten entwerfen« (Klafki 1962, 6; vgl. auch Zabka 2012). Die von Klafki geforderte »Begegnung« weist auf die Erfahrungsorientierung aller Lernprozesse im Sinne von Dewey hin. Dabei ist Klafki sich im Klaren darüber, dass das eigentliche didaktische Problem nicht im *Wie* der unterrichtlichen Umsetzung liegt, sondern im *Was* der Sache selbst: »Was ist denn ›die Sache‹? Was sind denn die sogen. ›Unterrichtsstoffe‹ ihrem Wesen nach?« (ebd.). Klafkis Antwort lautet: Die Sache ist für den Lehrer »von vornherein ein unter pädagogischem Aspekt gesehener Gegenstand«, weshalb es darauf ankomme, das »bildende Moment eines Inhaltes, das in ihm, was zur Bildung werden kann oder sollte [...] herauszuarbeiten« (ebd., 8). Dazu dient Klafkis berühmter fünfteiliger Fragenkatalog, der die Lehrkraft dazu anleitet, »jenen Frage- und Verständnishorizont des ›gebildeten Laien‹ noch einmal aus der Sicht des Kindes bzw. des Jugendlichen auf seiner jeweiligen Bildungsstufe in den Blick [zu] fassen« und dessen »besondere Fragen, Interessen, Sichtweisen [...] in sich [zu] verlebendigen und auf ihre tieferen Bildungsmöglichkeiten hin ab[zu]tasten« (ebd., 9). Was Klafki fordert, ist somit nichts anderes als eine *Erfahrungsanalyse* – und zwar in jedem Fach und für jeden Gegenstand, der im Unterricht behandelt wird. Bei Bräuer und Rank finden sich praxisnahe Vorschläge, wie eine solche für literarische Texte aussehen kann (vgl. Bräuer/Rank 2008, Rank 2012).

VII Erfahrungslernen in literarischen Gesprächen

1 Verstehen und Lernen im Dialog

Im Dialog wird Verstehen verstehbar, weil das eigene Verstehen durch das Gegenüber gespiegelt wird: »So verstehst du das. Ich verstehe es genauso«, oder eben: »Ich verstehe es anders.« Bewusstwerdung durch Spiegelung, darum geht es, wenn von »Reflexion« die Rede ist. Erlernt werden Reflexionskompetenzen im Gespräch, das die Bedingung dafür ist, dass Verstehen zur Reflexionserfahrung wird, zur Transformation primärer in sekundäre Erfahrungen. Keine Begegnung mit Literatur im Unterricht kann daher auf die Rahmung durch die Reflexion im Gespräch verzichten, als Ausgangs- und Zielpunkt der Arbeit mit dem Text, aber auch als eigenständige, durch kein anderes Format zu ersetzende Lernform. Denn das Gespräch ist der Ort des *Sprechdenkens*, der Entstehung und Entfaltung des Denkens im Prozess seiner Artikulation. Alle Formen des interpersonalen Denkens (jemandem etwas erklären, beschreiben, erzählen, darlegen, schlussfolgern, argumentieren, analysieren, erörtern, entwickeln etc.) werden im dialogischen Austausch mit einem Gegenüber in wechselnden Rollen erlernt und eingeübt. Das Gespräch ist mithin der genuine Anwendungsfall für Wilhelm von Humboldts Diktum »Die Sprache ist das bildende Organ des Gedanken« (Humboldt 1996, 426) und damit der primäre Erfahrungsraum für die *Selbstwirksamkeit der Sprache*. Im dialogischen Miteinanderdenken entstehen Einfälle, werden Ideen verworfen, Meinungen begründet, Einwände entwickelt und auf diese Weise verschiedene Aspekte eines Gegenstands, der zunächst diffus erschien, greifbar und begreifbar. Die Förderung der kognitiven Entwicklung im Deutschunterricht steht und fällt daher mit der Gestaltung und der Häufigkeit von Gesprächen im Unterricht und der Art und Weise, wie die Lernenden an ihnen beteiligt werden.

Ob ein Gespräch gelingt oder nicht, hängt immer auch von dem ethischen Anspruch ab, an dem es sich orientiert. Wenn das Gespräch sich an alle richtet und allen die Möglichkeit zur Teilnahme bietet, muss jedem zugestanden werden, sich so zu äußern, wie es ihm möglich ist. Das Gespräch muss sich also durchgehend am Prinzip der *Sprachmündigkeit* orientieren. Nur dann kann sich Sprechmut und Sprechfreude einstellen und eine Situation des lebendigen und aufmerksamen Austausches entstehen, bei der gemeinsam versucht wird, eine Sache oder einen Text besser zu verstehen. Das Ziel des Besserverstehens wirft aber zugleich die Frage nach der Unterscheidung der im Gespräch geäußerten Aussagen in »richtige« und »falsche« auf. Von der Möglichkeit einer solchen Einteilung hängt immerhin die Einlösung des Erkenntnisanspruchs ab, der das Gespräch für die Lernenden überhaupt erst legitimiert. Aber wie ist dieser Anspruch mit der Perspektive der Sprachmündigkeit zu vereinbaren?

2 Kein Richtig und kein Falsch?

Literarisches Verstehen ist keine literaturwissenschaftliche Tätigkeit. Wenn im Unterricht Literatur gelesen wird, kommen jedoch unweigerlich fachwissenschaftliche Aspekte ins Spiel. Darin unterscheidet sich der Deutschunterricht nicht von anderen Fächern wie Mathematik oder Biologie. Konstitutiv ist dabei das Spannungsverhältnis zwischen fachlichem und erlebendem Zugang. Der fachliche Blick, so Urs Ruf und Peter Gallin in ihrer Grundlegung zum »dialogischen Lernen«, darf nicht am Anfang der Begegnung mit den Gegenständen stehen, denn damit würde die radikal lebensweltliche Perspektive der Schülerinnen und Schüler negiert werden (Ruf/Gallin 2011, 24). Die Autoren fordern deshalb den »vollständigen Verzicht auf fachbezogene Erwartungen an den Lernenden« in der *ersten Phase* der »Begegnung mit einem Schulstoff«: Damit der Lernende »dem Gegenstand vorerst so offen und unvoreingenommen wie möglich gegenübertreten« kann, darf »der Fluss seiner Assoziationen [...] durch keinerlei Vorstellungen von RICHTIG und FALSCH oder BRAUCHBAR und UNBRAUCHBAR gehemmt und gelenkt werden« (ebd.). Aber gilt dieses Prinzip für alle Etappen der Verstehensarbeit?

Immer wieder vertreten Lehramtsstudierende in Seminaren die Auffassung, dass es im Literaturunterricht, wenn es um Fragen der Interpretation und des Verstehens geht, kein »Richtig« und kein »Falsch« geben dürfe. Begründet wird dies mit Erfahrungen aus der Schulzeit und Erinnerungen daran, wie eigene Verstehenszugänge durch die Lehrkraft im Namen der »richtigen Interpretation« abgewertet wurden. Verständlicherweise wollen Studierende diese Art der *hermeneutischen Beschämung* ihren zukünftigen Schülerinnen und Schülern ersparen. In Kauf genommen wird dafür das gegenteilige Extrem, nämlich die Ablehnung jeglicher Interpretation durch die Lehrkraft und folglich auch ihre Erarbeitung in der Unterrichtsplanung.

Dieses Dilemma könnte man das *Experten-Novizen-Problem des literarischen Verstehens* nennen. Um den Lernenden auf Augenhöhe zu begegnen, wird die Autorität des Wissens suspendiert. Aber damit ist nichts gewonnen: Wo keiner Experte sein will, kann niemand Novize werden. Was bleibt, ist die Gleichheit unter Unwissenden – ohne irgendeinen Lernzuwachs.

Ruf und Gallin schlagen einen anderen Weg ein. Sie verstehen Lernprozesse als »Austausch unter Ungleichen« – so der Untertitel ihrer zweibändigen Einführung – und bearbeiten das Problem, indem sie von einer Schülerperspektive außerhalb einer fachlichen Konstellation ausgehen. Zu diesem Zweck siedeln sie das unterrichtliche Lernen und Lehren jenseits der Unterscheidung zwischen Experten und Novizen an, als ein In-Beziehung-Treten zwischen der »Welt des Singulären« und der »Welt des Regulären« (ebd.). Letztere bezeichnet die Sphäre der Fachlichkeit und der wachsenden Expertise in einem Wissensgebiet. Wer seinen Unterricht nur von dieser Dimension her plant, hat die Welt des Singulären und damit die Perspektive der Lernenden, ihre individuellen Wahrnehmungsweisen und Lebensbezüge, noch nicht im Blick. Unterricht, der Zugänge zur Welt des Regulären eröffnen möchte, muss – so die zentrale These der Autoren – die Lernprozesse zunächst von der Welt des Singulären, also von der nicht-fachlichen Subjektivität der Schüler, her denken. Die didaktische Herausforderung besteht darin, eine Brücke zu bauen, die beide Welten verbindet, und die deshalb aus Problemen, Fragen und Herausforderungen besteht, die das alltägliche Interesse der Lernenden wecken und ihre Lösung in der Fachlichkeit finden. Auf diese Weise entsteht in zwei Sphä-

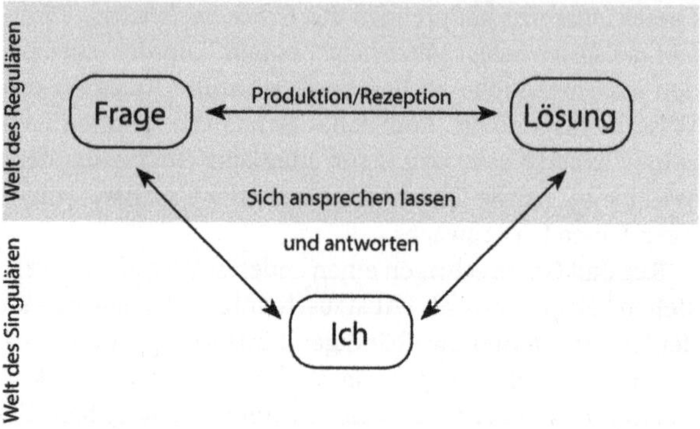

Abb. 2: Der singuläre Standpunkt im dialogischen Lernen (nach Ruf/ Gallin 2011, 24)

ren ein Dreiecksverhältnis zwischen subjektivem Zugang (Ich), subjektiv-fachlicher Problemstellung (Frage) und fachlichem Wissen (Lösung):

Die geläufige Praxis sieht anders aus: Allzu selbstverständlich wird vorausgesetzt, dass sich die Lernenden den »regulären Produktions- und Rezeptionsverfahren« des jeweiligen Faches »gedankenlos« unterwerfen und sich routinemäßig in die horizontale Ebene von »Frage« und »Lösung« einlassen (ebd.). Durch diesen Anspruch aber werden viele Schülerinnen und Schüler »entmündigt und ausgeschlossen« (ebd.). Ruf und Gallin schlagen deshalb vor, den Lernenden zuzugestehen, den Standpunkt zur Welt des Regulären selbst zu bestimmen und zunächst Fragen von ihrem singulären (außerfachlichen) Standort aus zu formulieren.

Damit findet das Experten-Novizen-Problem eine überraschende Lösung: Wer möchte, dass Schülerinnen und Schüler sich auf die Fachlichkeit des Faches einlassen, darf sie gerade nicht als Novizen behandeln, die bereits die Schwelle zur Fachlichkeit übertreten haben, sondern muss ihnen ihre externe Position in der Welt des Singulären zugestehen, von der aus sie sich auf die Welt des Regulären einlassen und in die Novizen-Rolle hineintreten können. Nicht der Expertenstatus der Lehrkraft bildet also den Kern des Problems, sondern die Illusion, dass schulisches Lernen im Experten-Novizen-Paradigma *beginnt*. Für Studierende kann der Novizen-Status vorausgesetzt werden, denn sie haben ihr Studienfach aus freien Stücken gewählt, für Schülerinnen und Schüler gilt das nicht. Vor diesem Hintergrund findet die Frage nach der fachlichen Kategorisierung von Schülerantworten in »Richtig« und »Falsch« ihre Antwort in der von Ruf und Gallin postulierten Dynamisierung des Lernprozesses. In der ersten Phase der Begegnung mit Fragen und Problemen, die die Lerngegenstände aufwerfen (»Sich ansprechen lassen und antworten«), darf und kann es kein »Falsch« und »Richtig« geben, in den sich daran anschließenden Bearbeitungsphasen (»Produktion/Rezeption«) haben die Lernenden dagegen sehr wohl das Recht zu erfahren, welche der von ihnen gefundenen Lösungen angemessen und plausibel sind und welche nicht (vgl. Siebauer 2015). Hier gibt es also sehr wohl bessere und schlechtere Lösungen, richtige und falsche Denkwege und damit auch die Notwendigkeit, die Unterscheidungen zwischen diesen zu ermöglichen.

3 Forschende Literaturgespräche

Beim Versuch, das von Ruf und Gallin vorgeschlagene Modell auf den Literaturunterricht anzuwenden, stößt man auf das Problem der »Lehrerfrage« als Regulativ literarischer Lernprozesse. Bekanntlich dominiert nach wie vor das fragend-entwickelnde Unterrichtsgespräch den Umgang mit literarischen Texten im Deutschunterricht in allen Schulformen und -stufen. Das Szenario bleibt dabei bis in die Abschlussklassen unverändert: Im Wechselspiel von Lehrerfrage und Schülerfrage werden Verstehensprozesse initiiert, Hypothesen aufgestellt und Deutungen überprüft. Wenn es darum geht, dass Schülerinnen und Schüler durch ein »Lernen am Modell« angeleitet werden sollen, sinnvolle Frage zu entwickeln und Methoden zu ihrer Beantwortung kennenzulernen, erfüllt diese im Übrigen jahrtausendealte Lehrpraxis durchaus ihren Zweck. Aber sie birgt die Gefahr der »Gängelung« und damit der Entmündigung, wenn sie als einzige Gesprächsform im Unterricht zum Einsatz kommt (vgl. Spinner 1992).

Die Kritik am fragend-entwickelnden Unterricht war denn auch der Ausgangspunkt für die Konzeption neuer Gesprächsformate wie dem Heidelberger Modell der Forschergruppe um Gerhard Härle (vgl. Härle 2004, Steinbrenner/Wiprächtiger-Geppert 2006). Das Problem der Lehrerfrage ist dabei allerdings ungelöst geblieben. Soll die Lehrkraft überhaupt Fragen stellen? Sind nur offene Impulse akzeptabel, um den Fallstricken des fragend-entwickelnden Unterrichtsgespräch zu entgehen, oder soll auf jegliche Lenkung durch Fragen verzichtet werden? Immerhin hängt von der Frageorientierung literarischer Gespräche auch ihr

Erkenntniswert ab: Nur dort, wo Fragen gestellt und bearbeitet werden, sind Erkenntnisse zu den Gegenständen, auf die sie sich beziehen, zu erwarten. Die erkenntnisleitende Funktion der Frage ist durch nichts anderes zu ersetzen. Aber sie darf kein Privileg der Lehrperson sein.

Tatsächlich lässt sich die Gesprächssituation grundlegend modifizieren, wenn nach dem Prinzip »Schülerfrage vor Lehrerfrage« verfahren wird. Auf die Bedeutung der Schülerfrage für die Initiierung eigenständiger Denkprozesse hat bereits der Reformpädagoge Hugo Gaudig hingewiesen. In seinen *Didaktischen Ketzereien* (erstmals 1904 erschienen) heißt es unter dem Stichwort »Schülerfrage!«:

> Die Schülerfrage ist ein sehr wertvolles, meist nicht genügend ausgenutztes Unterrichtsmittel. Der fragende Schüler beweist, daß er einen Denkreiz empfunden hat und sich über das, was er wissen will, klar geworden ist. [...] in der vom Schüler geformten Frage wird der vom Objekt ausgehende Denkreiz verarbeitet und damit geklärt. Die Frage ist [...] ein notwendiges Durchgangsstadium des geistigen Vorgangs, dessen Anfangsglied die Empfindung des Denkreizes und dessen Endglied die Lösung der Denkaufgabe ist. (Ebd., 5)

Gaudigs Forderung steht in einer philosophischen Tradition, die das Staunen zum Ausgangspunkt erkenntnisleitender Denkprozesse macht und die bis zu Platon und Aristoteles zurückreicht. Mit der Verwunderung, die Aristoteles im ersten Buch seiner *Metaphysik* als Anfang allen Philosophierens identifiziert, setzt ein Prozess ein, der vom

Willen zur Erkenntnis angetrieben wird, dem Wunsch, etwas besser zu verstehen, ein Rätsel zu lösen, einem Problem auf den Grund zu gehen oder eine Irritation aufzuklären – also einem Impuls, den man als »Forscherneugierde« bezeichnen könnte (Matuschek 1991, 10). Er erfordert ein methodisches Vorgehen im Denken.

Für literarische Gespräche bedeutet das zunächst, dass die Begegnung mit den Lerngegenständen überhaupt zu Staunen und Verwunderung Anlass gibt und dass die dabei entstandenen Irritationen ungesteuert und spontan artikuliert werden. Ist dies der Fall, so ergeben sich Fragen zum gehörten oder gelesenen Text mehr oder weniger von selbst, ohne dass es einer weiteren Unterstützung bedarf. Der Weg vom Staunen zur Erkenntnis beginnt mit der ungesteuerten Versprachlichung der ersten Eindrücke und den daraus entstehenden Fragen. Wer Fragen zu dem stellen kann, was er nicht versteht, hat bereits sein Nicht-Verstehen erkannt und will es auf das eingrenzen, was dem Verständnis vermutlich im Wege steht: Er weiß, was er nicht weiß. *Die Frage ist die Utopie des Nicht-Verstehens*, denn in ihr konkretisiert sich bereits eine Erwartung des Verstehens. Wer Fragen stellt, weiß, was er wissen will, um besser zu verstehen; und wer eine Frage ins Gespräch einbringt, schlägt eine mögliche Verstehensrichtung für das gemeinsame Nachdenken vor. Um von der Verwunderung und dem Staunen zu greifbaren Erkenntnissen zu kommen, bedarf es einer Strukturierung der Verstehensarbeit. Aus Unterrichtsversuchen zu forschenden Literaturgesprächen hat sich eine bestimmte Abfolge der Arbeitsschritte herauskristallisiert, die darauf schließen lässt, dass es so etwas wie ein Bedingungsgefüge erfahrungsgeleiteter Verstehensprozesse gibt (vgl. Frank/Lösener 2020). Es lässt sich schematisch in sechs Etappen gliedern:

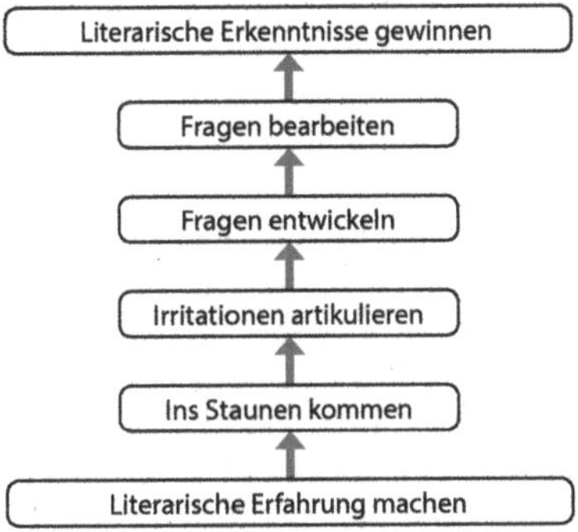

Abb. 3: Das Bedingungsgefüge für Erkenntnisprozesse in forschenden Literaturgesprächen (nach Frank/Lösener 2020, 78)

Jeder Schritt setzt die vorangegangenen voraus: kein Staunen ohne literarische Erfahrung, keine Bewusstmachung der Irritationen ohne vorhergehende Verwunderung. Im Unterricht lässt sich dieses Bedingungsgefüge in einen mehrphasigen Ablauf übersetzen:

1. *Erfahrungsphase*: zweimaliges Lesen oder Vorlesen des Textes
2. *Spontanphase*: freies Formulieren erster Eindrücke
3. *Sammelphase*: Notieren eigener Fragen zum Text auf Zetteln
4. *Auswahlphase*: Auslegen der Fragen auf einem Tisch oder an der Tafel

5. *Gruppenphase*: selbständiges Auswählen und Diskutieren einzelner Fragen in Zweier- oder Vierer-Teams
6. *Reflexionsphase*: Austausch über die bearbeiteten Fragen im Plenum
7. *Abschlussphase*: Zusammenfassung der Ergebnisse durch die Gesprächsleitung

In der *Erfahrungsphase* findet die erste Begegnung mit dem Text statt. Ihr kann eine Vorphase zur thematischen Hinführung zum Text vorausgehen, in der Fragen zum Text selbst ausgeklammert bleiben sollten. Unmittelbar an die Erfahrungsphase, in der der Text unkommentiert gelesen oder gehört wird, schließt sich die *Spontanphase* an. Sie bildet den fragilsten Moment des gesamten Gesprächs, denn die frischen und anfangs schwer greifbaren Eindrücke zu dem, was gehört oder gelesen wurde, können durch die Interventionen der Lehrkraft verwischt und ausgelöscht werden. Deshalb sind alle Impulse zu vermeiden, die dem Verstehensprozess an dieser Stelle eine bestimmte Richtung geben oder Wertungen suggerieren. Sinnvoll sind hier ausschließlich *gesprächsöffnende Impulse* ohne thematische Lenkung, wie »Was für Bilder hattet ihr im Kopf?«, »Was ist euch aufgefallen?« oder »Was sind eure Eindrücke zu dem Text?«, unproduktiv dagegen klassische Lehrerfragen wie »Was ist in der Geschichte passiert?« bzw. »Wer kann zusammenfassen, was wir gerade gehört haben«, »Wie hat euch der Text gefallen?«, »Was für Gefühle hattet ihr beim Zuhören oder Lesen?« oder auch »Gibt es Wörter im Text, die ihr nicht verstanden habt?« Denn jede dieser Fragen zwingt die Lernenden in ein fremdbestimmtes Wahrnehmungsmuster, das selbstgesteuerte Verstehensprozesse verhindert. Deshalb ist auch die häufig gestellte Frage »Habt ihr noch Fragen zum Text?« – man beachte das »noch«! – an dieser Stelle kontraproduktiv. Für ihre rituelle Bedeutung spricht, dass auf sie meistens nur einvernehmliches Schweigen folgt. Die Lernenden wissen, dass die Lehrkraft sie stellt, weil dies zum didaktischen Brauchtum gehört und sie eigentlich zügig zur nächsten Unterrichtsphase übergehen möchte. Auf diese Weise werden Schülerfragen als vermeidbare Störung in Kauf genommen, aber nicht als Lernchance erkannt.

Lehrkräfte, die sich für die Fragen der Lernenden interessieren, werden ihnen die nötige Zeit geben, die sie brauchen, um Worte für das zu finden, was erst im Aussprechen als Problem begreifbar wird. Wo dies geschieht, kann man immer wieder beobachten, wie die Lernenden in der Spontanphase ohne weitere Unterstützung auf Fragen stoßen, die sich ganz von selbst einstellen, während sie scheinbar ziellos ihre Eindrücke äußern. Das folgende Beispiel einer solchen Äußerung stammt aus einem Unterrichtsexperiment zu Äsops Fabel *Die Frösche verlangen nach einem König* in einer vierten Grundschulklasse. Direkt im Anschluss an die Präsentation des Textes durch die Leiterin meldet sich eine Schülerin zu Wort: »Also, ich find die Geschichte (..) also, es ist nicht sehr schön, dass die Seeschlange die Frösche einfach verspeist, weil (..) ich kann das irgendwie nicht verstehen, weil (..) wer will ein Stück Holz als König. Das ist doch (..) blöd« (Frank/Lösener 2020, 77). Die Schülerin formuliert ihre Irritation über das Gehörte und bringt diese beim Sprechen in eine Frageform, die ihr Nicht-Verstehen präzisiert. Die ungelenkte Genese der Frage aus einer spontan geäußerten Irritation ist charakteristisch für diese Gesprächsphase. Die Aufgabe der Leitung besteht vor allem darin, die geäußerten Eindrücke, Beobachtungen und Fragen zuzulassen und zu verhindern, dass sie sofort im Plenum beantwortet werden.

Die Fragen werden in der *Sammelphase* auf Zettel notiert und auf einem Tisch ausgelegt oder an die Tafel geheftet. Die anschließende *Auswahlphase* gibt den Schülerinnen und Schülern die Möglichkeit zu entscheiden, mit welchen Fragen sie sich in der *Gruppenphase* zu zweit oder viert beschäftigen, um diese dann als »beantwortet« und »nicht beantwortet« zu kategorisieren. In Klassen, die noch nicht mit dem Gesprächsformat vertraut sind, empfiehlt es sich, die Gruppenphase auszulassen und nach dem Auswählen einzelner Fragen durch die Schüler direkt zur Reflexionsphase überzugehen.

In der *Reflexionsphase* werden die vorgeschlagenen Antworten präsentiert und gegebenenfalls gemeinsam diskutiert (Welche Antwort wurde gefunden? Kann die Frage mithilfe des Textes beantwortet werden? Ist sie auch für die anderen plausibel? Inwiefern kann man dadurch den Text besser verstehen?). Für diese Phase ist ausreichend Zeit einzuplanen, um die verschiedenen Lösungen zu diskutieren, denn nicht immer werden alle mit allen Antworten einverstanden sein. In dieser Phase sollte die Lehrperson auch eigene Fragen einbringen. Das ist immer dann sinnvoll, wenn ein für das Verständnis des Textes wesentlicher Aspekt übersehen wurde. Ziel der Diskussion ist nicht, einen Konsens zu jeder einzelnen Antwort herzustellen, sondern ein besseres Gesamtverständnis des Textes für alle zu ermöglichen. Inwiefern das gelungen ist, zeigt sich in der *Abschlussphase*, in der die Leitung die gefundenen Antworten und Ideen noch einmal zusammenfasst und darauf hinweist, welche Fragen unbeantwortet oder strittig geblieben sind. Häufig bieten die Fragen, die auf diese Weise gewonnen wurden, Anregungen für die Weiterarbeit mit dem Text.

4 Fragen auf dem Weg zum Verstehen

Gehen literarische Gespräche von den Erfahrungen der Lernenden mit dem zu lesenden Text aus, ist bereits bei der Unterrichtsplanung zu überlegen, welche Fragen auftreten könnten. Dabei geht es auch um die *Qualität möglicher Fragen* (vgl. Lösener/Siebauer 2016): Welchen Fragen lohnt es nachzugehen? Welche sind überhaupt beantwortbar und welche nicht? Vor diesem Problem stehen auch die Schülerinnen und Schüler, da sie nicht wissen können, welche Fragen ihnen tatsächlich beim Verstehen des Textes helfen. Ihnen bleibt nur ein Vorgehen, das auf *trial and error* setzt. Zu vermuten ist – bislang fehlen dazu empirische Studien –, dass sie mit wachsender Erfahrung ihr Frageverhalten an den Gegenstand anpassen und auf solche Fragen zurückgreifen, die sich in analogen Fällen als zielführend erwiesen haben. Gespräche über Literatur würden dann auch der Förderung einer kognitiven Fähigkeit dienen, die in den Bildungsplänen nicht erwähnt wird, ohne die es aber kein selbstständiges Denken geben kann: der *Fragekompetenz.* Fragen sind Akte der Orientierung im Denken, die zugelassen, eingeübt und ausgebildet werden müssen (vgl. Birkmeyer 2013).

Bei der fragegeleiteten Erkundung eines literarischen

Textes werden sich manche Fragen als produktiver für das Verstehen erweisen als andere. Marco Magirius, Daniel Scherf und Michael Steinmetz haben bei der Auswertung von Transkriptionen aus einer Studie zu literarischen Gesprächen zwei Bewertungskriterien ermittelt, die produktive Fragestellungen auszeichnen. Sie kommen in ihrer Untersuchung zu dem Schluss, dass es sich immer dann lohnt, über textbezogene Fragen zu diskutieren, wenn diese a) von den Gesprächsteilnehmern als *strittig* angesehen werden und b) wenn sie anhand des Textes *überprüfbar* sind (vgl. Magirius/Scherf/Steinmetz 2021). Was als strittig empfunden wird oder nicht, lässt sich vor der Durchführung des Gesprächs schwer vorhersehen. Dieses Kriterium lässt sich also nur situativ bestimmen. Aber wie steht es mit der Überprüfbarkeit?

Inwiefern sich Fragen anhand des Kriteriums »Überprüfbarkeit am Text« kategorisieren lassen, zeigt das folgende Beispiel aus einem Literaturgespräch, das Sandra Bensch mit einer 8. Realschulklasse zu Bertolt Brechts Keuner-Geschichte *Der hilflose Knabe* geführt hat:

> Herr K. sprach über die Unart, erlittenes Unrecht stillschweigend in sich hineinzufressen, und erzählte folgende Geschichte: »Einen vor sich hinweinenden Jungen fragte ein Vorübergehender nach dem Grund seines Kummers. ›Ich hatte zwei Groschen für das Kino beisammen‹, sagte der Knabe, ›da kam ein Junge und riß mir einen aus der Hand‹, und er zeigte auf einen Jungen, der in einiger Entfernung zu sehen war. ›Hast du denn nicht um Hilfe geschrien?‹ fragte der Mann. ›Doch‹, sagte der Junge und schluchzte ein wenig stärker. ›Hat dich

> niemand gehört‹, fragte ihn der Mann weiter, ihn liebevoll streichelnd. ›Nein‹, schluchzte der Junge. ›Kannst du denn nicht lauter schreien?‹ fragte der Mann. ›Dann gib auch den her.‹ Nahm ihm den letzten Groschen aus der Hand und ging unbekümmert weiter.« (Brecht 1995, 438)

Nach der zweimaligen Lektüre der Erzählung durch die Lehrperson und der Spontanphase, in der die Schülerinnen und Schüler ihre Eindrücke äußern, werden folgende Fragen zu dem Text formuliert und gesammelt:

1. Warum konnte der Junge nicht lauter schreien?
2. Welche Gedanken hat der Junge?
3. Warum rennt er dem Jungen nicht hinterher?
4. Warum weint der Junge?
5. Wie fühlt sich der Junge?
6. Was macht Herr K.?
7. Wer ist Herr K.?
8. Wie konnte der Junge ihm den Groschen klauen?
9. Warum hat der Mann ihm nicht geholfen?
10. Warum klaut der Mann den letzten Groschen?
11. Warum hat ihm der Junge das Geld geklaut?

Auf keine dieser Fragen findet sich in Brechts Geschichte eine direkte Antwort. »Überprüfbar« im Sinne von »unmittelbar dem Text zu entnehmen« sind sie also nicht. Aber ihre Bearbeitung kann dem Verstehen der Geschichte förderlich sein – und das auf unterschiedliche Weise. Offensichtlich gibt es einige *unbeantwortbare Fragen*, die helfen können zu verstehen, worum es in der Parabel *nicht* geht. Das gilt für die achte bis elfte Frage, über die sich lediglich spekulieren lässt. Offensichtlich interessiert sich die Geschichte weder für den Dieb noch für den Mann. Das ist eine wertvolle Erkenntnis für das weitere Nachdenken über den thematischen Kern der Parabel. Daneben lassen sich einige *noch nicht zu beantwortende Fragen* ausmachen, für die es zwar Hinweise im Text gibt, die aber zusätzlicher Recherchen oder das Lesen weiterer Keuner-Geschichten bedürfen. Das könnte etwa für die sechste und siebte Frage gelten, die sich beide auf Herrn K. beziehen. Allerdings gibt es auch hier Unterschiede. Immerhin kann man aus dem ersten Satz des Textes schließen, was Herr K. *hier* tut, nämlich eine Geschichte erzählen, die vermutlich mit dem zu tun hat, wovon er gerade gesprochen hat: »Herr K. sprach über die Unart, erlittenes Unrecht stillschweigend in sich hineinzufressen, und erzählte folgende Geschichte: [...]« (ebd.).

Offenbar erzählt Herr K. die Geschichte, um zu zeigen, was er unter der »Unart, erlittenes Unrecht stillschweigend in sich hineinzufressen,« versteht. Diese Feststellung ist ein weiterer Schritt für das Verständnis der Parabel. Aber sie setzt eine Deutungshypothese voraus, die auf gattungsspezifischem Vorwissen beruht: Jemand erzählt eine Geschichte, um eine allgemeine Tatsache an einem besonderen Fall zu veranschaulichen. Damit gehört die sechste Frage tatsächlich zur dritten Kategorie, zu den *elaborierenden Fragen*. Bei ihrer Beantwortung werden Deutungen, die bei der Rezeption spontan entstanden sind, entfaltet und überprüft. Hier wird deutlich, dass jede Frage, die über das, was explizit im Text steht, hinausgeht, eine Deutung voraussetzt, über deren Plausibilität die Beantwortung der Frage entscheidet. *Fragen sind Testfälle für Verstehensent-*

würfe. Über die Qualität der Fragen lässt sich daher nicht unabhängig von den Verstehenshypothesen urteilen, zu deren Präzisierung sie dienen. Deshalb halten auch Magirius et al. eine Frage erst dann für »überprüfbar«, wenn sie mit Hilfe einer Deutungshypothese beantwortbar ist – was zugleich impliziert, dass auch die Plausibilität der Deutung einer Überprüfung unterzogen wird: »Im Falle eingeschränkter Überprüfbarkeit fungieren verschiedene Textelemente – in Verknüpfung mit leserseitigen Wissensbeständen – als Indizien für oder wider eine Hypothese, weshalb man über deren eindeutige Gültigkeit zwar einerseits keine Auskunft geben, sie andererseits als mehr oder weniger angemessen qualifizieren kann« (Magirius/Scherf/Steinmetz 2021, 6). Auf diese Weise entsteht eine kreative Zirkelstruktur bei der Beurteilung der Fragequalität: Was eine gute Frage ist, hängt von der Deutung ab, auf die sie sich bezieht, während gleichzeitig die Qualität der Deutung davon abhängt, welche Fragen mit ihr zu beantworten sind.

Zur Kategorie der elaborierenden Fragen gehören auch die ersten fünf Fragen, die auf das zielen, was Herr K. über das *Verhalten* des Jungen erzählt. Am einfachsten, nämlich aus dem situativen Kontext der geschilderten Szene heraus, lassen sich die Fragen vier und fünf beantworten: Warum weint der Junge? Und: Wie fühlt sich der Junge? Hier genügt eine empathische Bezugnahme auf unser Erfahrungswissen: Wie hätten wir in einer solchen Situation reagiert, wie hätten wir uns gefühlt? Übrig bleiben die Fragen eins bis drei, die die Haltung des Protagonisten problematisieren: Warum konnte der Junge nicht lauter schreien? Welche Gedanken hat der Junge? Und: Warum rennt er dem anderen Jungen nicht hinterher? Direkt lassen sie sich nicht beantworten, der Text liefert ja keine Innensicht des Protagonisten, aber er bietet im Einleitungssatz ein Deutungsmodell an, zu dessen Anwendung er auffordert: Der Junge kann nicht lauter schreien, weil er ein Beispiel für die von Herrn K. erwähnte »Unart« ist. Eben deshalb kommt er auch nicht auf die Idee, dass er selbst handeln könnte. Und was auch immer er für Gedanken hat, auf den entscheidenden (Was könnte ich tun, um nicht Opfer zu bleiben?) kommt er nicht. Dabei werden im Text eine Reihe von Verhaltensalternativen angedeutet, die aus der totalen Hilflosigkeit hinausführen könnten: laut schreien, sich bemerkbar machen; um Hilfe rufen; nicht vor sich hin weinen, sondern Hilfe suchen; den Dieb mit fremder Hilfe verfolgen; nicht im Selbstmitleid verharren; nicht glauben, dass Hilfe nur von anderen kommen kann; überlegen, ob man einem Fremden trauen kann; Geld verstecken (mögliches Unrecht vorhersehen); und: nicht seine Wehrlosigkeit vor anderen ausstellen, um Mitleid zu erheischen.

Aber die Keuner-Geschichte bietet noch mehr. Wird sie in einer höheren Klassenstufe gelesen, kann der Schritt von den *Warum*-Fragen zu den *Wozu*-Fragen vollzogen werden. Warum-Fragen zielen auf die Handlungsmotive der Figuren (Warum tut, denkt oder sagt der Protagonist etwas?), Wozu-Fragen dagegen auf die Gestaltungsabsichten und Wirkungsweisen des Textes (Wozu wird das an dieser Stelle so erzählt?). Diese Unterscheidung ist ergiebig, weil es in der Keuner-Geschichte nicht um psychologische Befindlichkeiten, sondern um die Typologie sozialer Verhaltensweisen geht, mit Brecht gesprochen: um den *Gestus* der Personen. Die verstehensfördernde Funktion von Wozu-Fragen erschöpft sich also nicht in der Klärung einer globalen Erzählabsicht (die erfolgt im Einleitungssatz der Keuner-Geschichte), sie entfaltet ihr Potential, wenn einzelne Textgestaltungen reflektiert werden, etwa, wenn gefragt wird: *Wozu* wird in der Keuner-Geschichte erwähnt,

- dass der Knabe »vor sich hin weinte«,
- dass er »ein wenig stärker schluchzte«,
- dass der Mann den Knaben »liebevoll« streichelte,
- dass er »unbekümmert« weiterging?

Jede dieser Fragen lenkt den Blick auf Haltungen, die Brecht in Szene setzt. Sie betreffen zum einen die *Gefühlsstrategien* des Knaben, der sich zunächst in seinen Gefühlen von der Umwelt abschottet und eben dadurch hilflos bleibt und diese dann einsetzt, um durch Hilflosigkeit Mitleid zu erwecken und sich so erst recht ausliefert. So heißt es denn auch in der Keuner-Geschichte *Die Rolle der Gefühle*: »Was hat es für einen Sinn zu weinen bei einem solchen Wind, wo man dich überhaupt nicht hört?« (Brecht 1995, 37; vgl. Zabka 2021, 77). Zum anderen betreffen die Fragen die *Handlungsstrategien* des Mannes, der sich den Anschein des Mitleids gibt, um den Jungen unbarmherzig zu bestehlen. Seine Unbekümmertheit könnte auf seine Kaltblütigkeit hinweisen und auf sein Urteil über den Knaben: Wer sich so bestehlen lässt, stellt keine Gefahr für den Dieb dar. Eine andere, nämlich pädagogische Wertigkeit erhält das Wort »unbekümmert«, wenn man die erste Entwurfsfassung der Geschichte von 1932 zu Rate zieht, in der Herr Keuner selbst dem Knaben den zweiten Groschen wegnimmt (vgl. Brecht 1995, 19). Dann ist der Mann unbekümmert, weil er dem Knaben eine Lehre erteilt hat, die mehr wert ist als eine Mitleidshandlung.

Das Beispiel zeigt, dass Fragen Deutungsakte implizieren und das auch dann, wenn sie sich nur auf den Text zu beziehen scheinen. Wer fragt, will einen Verstehensentwurf entwickeln und überprüfen, um die Grenzen seines Verständnisses auszuloten. Und es zeigt, wie vielfältig die Funktionen von Fragen in literarischen Gesprächen sein können. Um sie für Verstehensprozesse im Unterricht nutzen zu können, ist daher bei der Planung jedes einzelnen literarischen Gesprächs zu überlegen, welche spontan auftreten könnten und was von ihrer Bearbeitung zu erwarten ist.

5 Von der Exposition zur Elaboration

Literarische Gespräche, die Schülerinnen und Schüler als Dialogpartner ernstnehmen, stehen in einem didaktischen Spannungsfeld: zwischen Offenheit und Rahmung, Textorientierung und Leserorientierung und zwischen Vorbereitung und Durchführung. Es muss gewährleistet werden, dass sich alle beteiligen können, ohne dass die Zielorientierung verloren geht. Es muss Raum für subjektive Eindrücke und Äußerungen gegeben werden und zugleich die Arbeit am Text im Mittelpunkt stehen. Das verlangt eine ebenso sorgfältige Vorbereitung wie eine flexible Moderation bei der Umsetzung. Denn im Gespräch muss blitzschnell entschieden werden, welcher Impuls wann sinnvoll ist, wobei das Spektrum – im Unterschied zum Literarischen Unterrichtsgespräch nach dem Heidelberger Modell (vgl. Härle 2004) – von *organisatorischen* über *gesprächsfördernde* bis

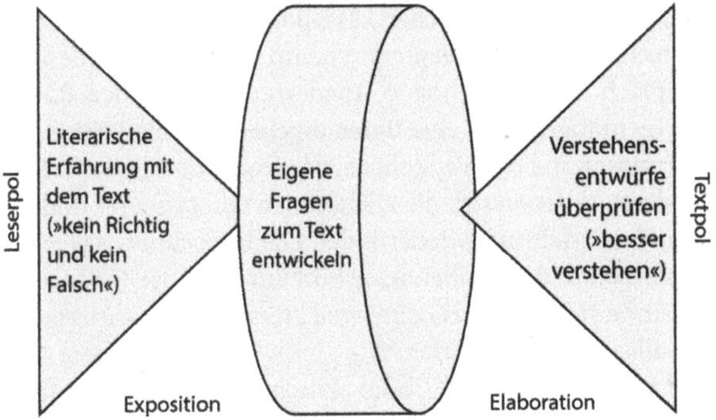

Abb. 4: Die Pole des erfahrungsorientierten Verstehens

hin zu *verstehenslenkenden* Interventionen reicht. Organisatorische Impulse werden benötigt, um über den Ablauf des Gesprächs zu informieren, Arbeitsaufträge zu vergeben oder den Übergang zwischen den Phasen einzuleiten. Gesprächsfördernde Interventionen dienen dazu, den Prozess des Gesprächs selbst und die Interaktion unter den Teilnehmern in Gang zu halten. Und in der Reflexionsphase bedarf es auch lenkender Impulse zur Elaboration der initiierten Verstehensprozesse.

Der Einsatz der Impulse richtet sich nach ihrer Funktion in dem eingangs erwähnten polaren Spannungsfeld, das den Gesprächsverlauf bestimmt. Damit die Spannung zwischen Offenheit und Rahmung produktiv werden kann, muss sie in eine mehrphasige Bewegung überführt werden, die Züge einer hermeneutischen Zirkelbewegung annehmen kann, indem Expositions- und Elaborationsphasen mehrfach durchlaufen werden.

Die Gegensätze zwischen Leserpol und Textpol, individuellem Erleben und interpretierendem Erarbeiten werden im Gespräch nicht aufgehoben, sondern definieren den Raum der Lernprogression. Aus ihnen ergeben sich die beiden Erfahrungsräume des Verstehens, die *Exposition* und die *Elaboration*, in denen sich die Dichotomie von *primärer* und *sekundärer* Erfahrung wiederfindet. Die Exposition, das Sich-Aussetzen in der Erfahrung, gehört zur Welt des Singulären im Sinne von Ruf und Gallin, weil literarische Erfahrungen – wie alle menschliche Erfahrung – individuelle Ereignisse sind und nicht nach »richtig« oder »falsch« kategorisiert werden können. Ihre Elaboration, die Arbeit am Verstehen im engeren Sinn, beim Entfalten und Überprüfen von Verstehensentwürfen braucht dagegen Beurteilungsmaßstäbe, die aus der Welt des Regulären stammen (z. B. »stimmig« vs. »unstimmig«). Das explorative Entwickeln der Fragen bildet den Übergang zwischen diesen beiden Erfahrungsräumen.

Ein *Besserverstehen* des Textes ist nur möglich, wenn es gelingt, vom Expositionsmodus (»Es gibt kein Richtig oder Falsch«) in den Elaborationsmodus (»Welche Deutung passt zum Text?«) zu gelangen. Hier kommen notwendigerweise Kriterien für die Überprüfung von Deutungsentwürfen ins Spiel (vgl. Kap. IV.2). Sie ergeben sich aus dem *erweiterten Prinzip der Kohärenzbildung*, das insbesondere drei *Ebenen der Passung* betrifft:

- Kriterium der *Textkohärenz*: Passt die Deutung zum textuellen Zusammenhang (d. h. zu allen Stellen im Text)?
- Kriterium der *Spielregel*: Passt die Deutung zu dem, was im Unterricht über die Spielregeln der Gattung oder der jeweiligen Autorpoetik gelernt wurde?

- Kriterium des *Erfahrungs- und Weltbezugs*: Passt die Deutung zum persönlichen Erfahrungswissen der Lernenden, aber auch zu ihrem Wissen über anthropologische Grundfragen, Gesellschaft, Geschichte, eventuell Autor und Epoche?

Kein Verstehen ohne Passung. Als »sinnvoll« gilt im Alltagsverständnis bekanntlich etwas, das einen Sinnzusammenhang aufweist, insofern sind »Kohärenz« und »Sinn« zwei Seiten derselben Medaille. Die plausibelste Deutung ist somit diejenige, die die größte Passung zu allen Stellen des Textes aufweist. Steht sie im Widerspruch zu nur einer einzigen, muss sie als Ganzes in Frage gestellt werden. Gleichzeitig müssen Deutungen aber auch zu den Spielregeln passen, die eine Gattung definieren oder die von einem Autor bestimmt werden: Eine Fabel funktioniert anders als ein Märchen, eine Kalendergeschichte anders als eine Kurzgeschichte, aber eben auch: eine Parabel von Brecht macht etwas anderes als eine von Kafka. Dass Deutungen zu Texten trotz dieser beiden Kohärenzkriterien dennoch divergieren können, liegt an dem Erfahrungs- und Weltbezug, der sich von Mensch zu Mensch unterscheidet, und daran, dass Verstehen immer auch *Anwenden* bedeutet: Wer einen Text versteht, stellt eine Passung zur eigenen Situation, zu seinem Weltwissen und seiner Lebenserfahrung her. Er vollzieht damit das, was in der Hermeneutik als *Applikation* bezeichnet wird. Deutungen, die im Unterricht entwickelt werden, können daher bei der Elaboration des Verstehens einer Überprüfung hinsichtlich dieser drei Ebenen unterzogen werden, ohne dass sich daraus der Anspruch auf die *eine*, einzig mögliche Deutung ergibt.

VIII Schreiben und Lesen als Erfahrungsform

1 Schreibformen des Verstehens

Verstehenskompetenzen werden dialogisch erworben und dort ausgebaut, wo das eigene Verstehen zum Gegenstand der Reflexion wird. Dazu bedarf es eines Gegenübers, dessen Äußerungen in Beziehung zur eigenen Sichtweise gesetzt werden. Der Ausbau der dafür notwendigen Kompetenzen beginnt mit Gesprächen über Geschichten und Gedichte in den Eingangsklassen der Grundschule. Was verstehe ich, was verstehst du? Worin unterscheidet sich mein Verstehen von deinem Verstehen? Auch wenn die Ausbildung von Verstehenskompetenzen während der gesamten Schulzeit von Gesprächssituationen ausgeht und in diese mündet, ist der mündliche Austausch nicht der einzige Ort für die *Arbeit am Verstehen.* Sie kann auch in der Schriftlichkeit vorbereitet, fortgesetzt oder vertieft werden, wenn die Lernenden ihre eigenen Texte als Medium der Selbstreflexion nutzen.

Der Interpretationsaufsatz wird diesem Anspruch aus Gründen, von denen im ersten Teil dieses Bandes die Rede war, nur ansatzweise gerecht. Er wurde 1842 von dem Gymnasialprofessor Robert Heinrich Hiecke aus der Taufe gehoben und war als Herzstück des Deutschunterrichts gedacht: »Lectüre ist von uns als Basis und Ausgangspunct, Production als Ziel- und Gipfelpunct für den gesammten deutschen Unterricht festgesetzt worden.« (Hiecke 1842, 195; vgl. Lösener/Ludwig 2007, 47f.). Mit diesem Globalanspruch war dem Interpretationsaufsatz von Anfang an eine strukturelle Überforderung eingeschrieben (für Hiecke führt »der tüchtige Schüler überwiegend ein Leben in Büchern«, ebd., 252), die gleichwohl dem sozialen Distinktionsbedürfnis des Bildungsbürgertums entgegenkam und daher bis in die Abituraufsätze der Gegenwart fortwirkt (vgl. Lösener 2020).

Inwiefern es möglich ist, sich von dieser Tradition zu befreien, hängt davon ab, ob andere Formen des Schreibens zu literarischen Texten denkbar sind. Versucht wurde das schon in den 1970er Jahren, als *handlungs- und produktionsorientierte Schreibformate*, die bis heute in allen Schularten zu finden sind, in den Literaturunterricht Eingang fanden. Die Stärken des handlungs- und produktionsorientierten Literaturunterrichts (HPLU) sind bekannt; abgesehen von der methodischen Vielfalt und der Verbindung mündlicher und schriftlicher Leistungen liegen sie in der Individualisierung der Schülerprodukte, der Anknüpfung an literarische Verfahren und dem Anspruch auf Erfahrungsorientierung beim literarischen Lernen (vgl. Haas/Menzel/Spinner 1994).

Zur Durchsetzung der HPLU-Methoden in der Schulpraxis haben insbesondere die kreativen Schreibaufgaben für die weiterführende Auseinandersetzung mit dem Text beigetragen (vgl. Spinner 2022, 70 f.). Dazu zählen Formen des *antizipierenden Schreibens*, bei denen ein Text in Anknüpfung an einen Ausschnitt aus einem literarischen Werk verfasst werden soll. Für Kaspar H. Spinner »schaffen Antizipationen Verknüpfungen zwischen der eigenen Erfahrungswelt und dem Text, sei es, dass Vertrautes wiedergefunden wird, sei es, dass die Fremdheit des Textes durch den Vergleich mit den Erwartungen ins Bewusstsein tritt« (ebd., 71; vgl. Lindner 2017). Verwandt damit sind Formen der *Texterweiterung*, zu denen etwa das Schreiben von inneren Monologen aus der Sicht einer Figur oder das Verfassen von Tagebuchseiten oder Briefen gehört. Um die Schärfung der Aufmerksamkeit für stilistische Gestaltungen geht es beim *analogen Schreiben*, bei dem ein Text nach dem Vorbild eines literarischen Textes verfasst wird, etwa ein Parallelgedicht zu einem vorgegebenen Gedicht (vgl. Waldmann 1998), und beim Variieren eines Originals nach dem Vorbild von Raymond Queneaus *Stilübungen* (1961).

Ein vieldiskutiertes Problem aller genannten Schreibformate stellt die Frage der Bewertung dar: Sollen kreative Schülertexte Gegenstand von benoteten Leistungsüberprüfungen werden? Spinner befürwortet das. In den unteren Klassenstufen ist das Schreiben z. B. von Phantasiegeschichten als Aufsatzform seit langem eingeführt, und in der Oberstufe können kreative und analytische Aufgaben miteinander kombiniert werden, etwa, wenn sich an das Schreiben eines Parallelgedichtes ein Gedichtvergleich anschließt. Im Jahr 2005, dem Erscheinungsjahr seines Aufsatzes über *Kreatives Schreiben zu literarischen Texten*, konnte Spinner noch schreiben: »Heute zeigt sich eine eindeutige Tendenz, kreatives Schreiben in die Benotung einzubeziehen, und zwar bis zum Abituraufsatz« (Spinner 2022, 75). – Inzwischen wurde *das interpretierende Gestalten* wieder aus den Abituraufgaben gestrichen. Ob durch diese Maßnahme das schulische Schreiben an Qualität gewonnen hat, darf bezweifelt werden.

Obwohl es dafür historische Anknüpfungspunkte gegeben hätte, sind bis heute alle Versuche, Praktiken des *litera-*

rischen Schreibens zu einem konstitutiven Bestandteil des Literaturunterrichts zu machen, erfolglos geblieben. Vor allem Ulf Abraham hat sich in seinen Publikationen für das literarische Schreiben in der Schule eingesetzt, von dem er sich positive Effekte hinsichtlich der literarischen Gestaltungs- und Urteilskompetenzen und der Befähigung zur Anschlusskommunikation verspricht (vgl. Abraham 2021, 75 ff.). Die Bewertung solcher Schreibprodukte hält Abraham für grundsätzlich möglich, aber herausfordernd (vgl. ebd., 89). Obligatorischer Bestandteil literarischer Schreibprozesse in der Schule ist für ihn das Format des »Werkstattgesprächs« (ebd., 93). Anvisiert wird eine Kultur des »*Peer Feedback*«: »Die Beiträge sollten genau in der Beschreibung, aber vorsichtig in der Wertung sein und kritische Äußerungen aus dem eigenen Verständnis des Textes begründen; und sie sollten den Text und seine Wirkung aus einer Leser-, nicht aus einer Richterperspektive thematisieren« (ebd., 95). Die geforderte Bezugnahme auf das eigene Erleben bei der Formulierung der Äußerungen soll dem Entstehen einer hierarchischen Bewertungssituation vorbeugen. Ein bemerkenswerter Nebeneffekt dieses Anspruchs liegt in der Ausrichtung der Reflexionsprozesse auf Aspekte der textuellen Sprachwirksamkeit, ausgehend von den jeweils individuell erlebten Wirkungen der Texte. Auf diese Weise könnten Werkstattgespräche, wie Abraham sie vorschlägt, längerfristig auch zu einer Förderung der Wahrnehmung und Sensibilisierung von Aspekten der Sprachwirksamkeit beitragen. In einer Schulkultur, in der »formalistische« Kriterien die Beurteilung von Schreibleistungen vorherrschen (Einhaltung von Textmustern und -merkmalen, Verwendung der Terminologie etc.), ist das sicherlich ein Fortschritt – wenn er denn Eingang in den Unterricht findet.

Neben produktionsorientieren und literarischen Formaten gibt es noch einen weiteren Typ: *das epistemische Schreiben*. Die Idee, Schreibprozesse für das elaborierende Denken zu nutzen, ist alt und regte bereits Michel de Montaigne zur Erfindung des Essays als eigener Gattung an. Der Begriff des *epistemic writing* dagegen ist sehr viel jünger und geht auf einen Aufsatz von Carl Bereiter zurück (Bereiter 1980). Bereiter versteht darunter eine allen Schreibprozessen immanente Form der Wissensverarbeitung (»our knowledge gets modified in the process written down«, ebd., 88) und zugleich die höchste Stufe eines fünfphasigen Schreibentwicklungsmodells, das vom *associative writing* über das *performative writing* und *communicative writing* zum *unified writing* und schließlich zum *epistemic writing* führt. Dass eben in dieser Stufung das Problem des Modells liegt, klingt bereits bei Bereiter an und wurde in der Schreibdidaktik, die es eher als »Integrationsmodell« aufgefasst hat, wiederholt angemerkt (z. B. Fix 2006, 52). Diese Stufung mag ein Grund dafür gewesen sein, dass epistemische Schreibformen nie wirklich in der Schule angekommen sind, weshalb Bereiters »rein theoretisch abgeleitetes« Schreibentwicklungsmodell denn auch bis heute »nie empirisch verifiziert« werden konnte (Pohl/Steinhoff 2010, 11). So hat das erfahrungsorientierte Schreiben in der Schule nach wie vor einen schweren Stand, obwohl seine didaktische Bedeutung seit langem bekannt ist (vgl. Ludwig 1980).

Das liegt auch daran, dass es noch immer an konkreten Textformaten für epistemische Schreibaufgaben im Unterricht fehlt. Obwohl die Auffassung von der Genese des Denkens im Schreibprozess in der Didaktik allgemein geteilt wird, haben schulische Textformate des denkenden Schreibens Seltenheitswert. Auch hier bleibt das innovative Potential von Deweys Konzept der »denkenden Erfahrung« für die Deutschdidaktik noch ungenutzt. Um es für den Unterricht zu erschließen, bedarf es allerdings anderer, von den bisherigen Aufsatzformen nicht ableitbarer Schreibformate. Welche das sein werden, lässt sich gegenwärtig noch nicht sagen, aber Schreibexperimente in Seminaren und Praktikumsklassen zeigen, wie vielfältig die Möglichkeiten sind, die sich aus der Anknüpfung an literarische Wirkungserfahrungen ergeben (vgl. Brune 2020, 293 ff.). Zu den in der universitären Lehramtsausbildung erprobten experimentellen Formaten, die sich zur Weiterentwicklung in der Schule anbieten, gehören etwa folgende Textarten:

Spontane Wirkungsprotokolle. Bei dieser Schreibform ist auf formale Textvorgaben so weit wie möglich zu verzichten, da sie das ungeordnete, unmittelbare Notieren spontaner Eindrücke, Gedanken, Assoziationen erfordert, die sich bei der ersten Begegnung mit einem literarischen Text einstellen. Das textuelle Spektrum reicht vom Aufschreiben einzelner unverbundener Sätze, über Reihungen von Einzelbeobachtungen bis hin zum ausformulierten Essay. Spontane Wirkungsprotokolle können direkt im Anschluss an die Textpräsentation im Unterricht oder als Hausaufgabe über mehrere Tage hinweg entstehen. Die Aufgabenstellung sollte einfach formuliert werden (»Schreibe deine Eindrücke zu dem Text auf!«), kann aber auch Hilfsfragen für mögliche Wege der Reflexion beinhalten (»Notiere deine Gedanken und Gefühle zu dem Text. Was ist dir aufgefallen? Was findest du seltsam, interessant oder unverständlich? Welche Fragen hast du zu dem Text?«). Spontane Wirkungsprotokolle sind in erster Linie als Lernform des reflektierenden Schreibens zu literarischen Texten zu verstehen, nicht als Testformat. Die weitgehende Subjektivität der Notate bedeutet jedoch nicht, dass sie nicht auch in abgewandelter Form in Leistungssituationen vorkommen können. Entscheidend ist hier wie bei allen Prüfungsformaten die Transparenz der Bewertungskriterien, die sich auf die Differenziertheit der gemachten Beobachtungen, die Quantität der beobachteten Aspekte und die Qualität der Formulierungen beziehen können (vgl. Lösener/Siebauer 2021, 108–111). Ein »angemessenes Verständnis« des Textes oder eine »richtige Interpretation« stehen dagegen nicht im Fokus der Bewertung.

Zweiteilige Wirkungsanalysen. Bei diesem Format folgt auf das spontane Wirkungsprotokoll als ersten Teil ein zweiter, der eine elaborierende Perspektive eröffnet. Ausgangspunkt dafür können Fragen sein, die im ersten Teil formuliert wurden oder die Orientierung an ausgewählten Aspekten der Wirkungsweise des Textes: Welche Thematik, welcher Lebensbezug zeigt sich im Text (Mimesis von Personen)? Woran zeigt sich die Haltungen der Figuren (Mimesis durch Personen)? Welche Wirkungsintention verfolgt der Text durch die Handlungs- und Sprachgestaltung (Mimesis für Personen)? Lösbar sind solche Aufgaben auch in höheren Jahrgangstufen erst, wenn poetische Grundbegriffe der Analyse – Mimesis, Stimmlichkeit, Personalität, Temporalität (vgl. Kap. III) –, erarbeitet wurden und die Textanalyse in Gesprächen über einen längeren Zeitraum eingeübt wurde.

Briefgespräche. Bei diesem Format treten zwei Lernende in einen brieflichen Austausch über ihre Leseerfahrungen. Person A beginnt, indem sie ihre Eindrücke, Gedanken, Beobachtungen, Irritationen und Fragen zu einem Text, z. B. zu einem Gedicht, notiert und in einem briefförmigen Text an Person B adressiert. Diese reagiert, indem sie die geschilderten Eindrücke mit ihren eigenen Erfahrungen bei der Lektüre des literarischen Ausgangstextes vergleicht und auf dieser Grundlage ein Antwortschreiben verfasst. Das Briefgespräch endet mit einem mündlichen Austausch der Briefpartner; die dabei gewonnenen Erkenntnisse können dann etwa in Form einer Plakatpräsentation mit Auszügen aus der Korrespondenz der Klasse vorgestellt werden.

Stumme Schreibgespräche. Auch diese Schreibform eignet sich für Gedichte oder kurze Erzähltexte. Die Lerngruppe erhält die Anweisung, sich die großformatig ausgedruckten und auf Tischen ausgelegten Texte still durchzulesen und auf den großzügig bemessenen Plakaträndern schriftliche Kommentare zu hinterlassen. Diese sollen spontane Reaktionen auf das Gelesene festhalten und sich dabei auf einzelne Wörter, Sätze, den ganzen Text oder andere Kommentare beziehen. Ergänzt werden können die Notate durch graphische Elemente, Unterstreichungen oder andere Markierungen. Nach Beendigung der Schreibphase, während der nicht gesprochen wird, bilden sich Gruppen von etwa vier bis sechs Personen um jeweils einen Plakattisch und tauschen sich mündlich über den Text und das Netz der Kommentare aus. In der Abschlussphase stellen die Gruppen ihre Beobachtungen und Ergebnisse im Plenum vor.

Audiokommentare. Sie können als Einzel- oder Partnerarbeit durchgeführt werden (vgl. Lösener/Siebauer 2021, 78). Zunächst erstellt jeder eine Audioaufnahme des von ihm gewählten Textes (am besten eigenen sich Gedichte oder Auszüge aus Theatertexten). Das kann, da das Vorbereiten, Üben und Aufnehmen meist einige Zeit in Anspruch nimmt, auch außerhalb des Unterrichts geschehen. Im Anschluss wird ein schriftlicher Kommentar zur eigenen Audioversion und zu den Probe- und Aufnahmephasen verfasst. Dabei können Wirkungserfahrungen, die sich bei der ersten stillen Lektüre eingestellt haben, mit Beobachtungen verglichen werden, die während der Aufnahme oder beim anschließenden Hören gemacht wurden, auf schwierige und besonders gelungene Stellen in der Aufnahme eingegangen und Erkenntnisse zum Text selbst formuliert werden (vgl. ebd.).

2 Hörend und sprechend lesen

Das literarische Verstehen zielt auf die Erfahrbarkeit einer fremden Erfahrung in der Sprache und durch sie. Möglich wird dies durch eine besondere Eigenschaft der Sprache, der *Artikulation der Rede*. Sprache ist nicht nur ein semiotisches System aus Wörtern und Regeln, das die Sprecher zu bloßen Sprachanwendern macht, sondern ein komplexer Gestaltungsakt, bei der Sprache durch Rhythmus und Artikulation, Lexik und Syntax, Prosodie und Körperlichkeit des Sprechens individualisiert und subjektiviert wird (vgl. Meschonnic 1982). So macht jedes Sprechen das sprechende Ich als Person »sichtbar« in dem, was es sagt und wie es dies tut. Diese Subjektivierung der Sprache im Sprechen lässt sich auch in der Alphabetschrift gestalten – das ist die mediale Bedingung der Literatur als Erfahrungsraum personaler Wirklichkeit und damit der doppelten Mimesis, die literarische Erfahrungen auszeichnet: Sie macht Personen für Personen durch Personen erfahrbar, indem sie von personalem Handeln erzählt (Mimesis I) und zugleich das Sprechen von Personen inszeniert (Mimesis II). Den Dreh- und Angelpunkt jeder Bemühung um literarisches Verstehen bildet daher die Suche nach – und das heißt das *Hören* auf – die Artikulation der Rede im Text: Wie wird das erzählt, was erzählt wird? Mit welchem Gestus, welcher Stimmlichkeit, welchem Rhythmus sprechen der Erzähler und seine Figuren? Welche Handlungen vollziehen sich im Erzählakt, mit welchen Absichten, nach welchen Spielregeln und welchen Wirkungen?

Da sich diese mimetische Erfahrung der Wahrnehmung der dem Text eingeschriebenen Artikulation verdankt, braucht das literarische Verstehen eine Lesepraxis, die man als *hörendes Lesen* bezeichnen kann (Lösener/Siebauer 2021, 14). Hörend liest, wer den Text als Sprechhandlung wahrnehmbar macht (für sich selbst oder für andere). Das können geübte Lesende auch beim leisen Lesen, aber gelernt wird diese Fähigkeit durch das stimmliche, laute Lesen. Zur Förderung der Leseflüssigkeit (*fluency*) sind Lautleseverfahren seit längerem eingeführt (vgl. Rosebrock u. a. 2011), eine *Didaktik literarischer Lautleseverfahren* bildet dagegen noch immer ein Desiderat des Deutschunterrichts. Das mag insofern verwundern, als zu ihrer methodischen Konzeptualisierung nur einige wenige Prinzipien nötig sind:

1. Angstfreies Lautlesen. Viele Erwachsene berichten von Momenten der Angst, der Demütigung und der Beschämung beim Vorlesenmüssen vor der ganzen Klasse, insbesondere dann, wenn »Lesenoten« vergeben wurden. Aus diesem Grund sollte auch das noch immer übliche »Reihumlesen« (vom sinnfreien »Fehlerlesen« ganz zu schweigen) aus dem Unterricht verbannt werden. Auf die Frage, worauf Lehrkräfte beim Vorlesen-Üben in der Grundschule achten sollten, antwortet der pädagogisch versierte Schauspieler und Rezitator Martin Baltscheit: »Die wichtigste Übung heißt Angst überwinden. Es fordert viel Mut, vor anderen zu lesen. Schaffen Sie eine Atmosphäre der Furchtlosigkeit. Wir sind stolz auf alle, die sich trauen, wir lieben ihre Stimmen, wir finden gut, wie sie lesen. Wir applaudieren. Jeder liest auf seine Weise. Es gibt kein Richtig und Falsch, Talente sind unterschiedlich verteilt, wer aufrecht stehend, laut vorliest vor Publikum, hat alles erreicht« (Baltscheit 2023, 41). Baltscheit spricht aus der Perspektive der Sprachmündigkeit. Die Kinder lernen vorzulesen, weil sie die Erfahrung machen, dass sie schon können, was sie gerade lernen. Unabdingbar dafür ist eine »Atmosphäre der Furchtlosigkeit«, die nur entstehen kann, wenn eine Gruppe wertschätzend und vertrauensvoll miteinander umgeht. Bei der Schaffung einer solchen Atmosphäre haben sich insbesondere theaterpädagogische Aufwärmübungen bewährt (vgl. Littwin 2018). Und ähnlich wie im Schultheater gilt in den Vorlesephasen durchgängig das Prinzip der Freiwilligkeit: Jeder darf, niemand muss vorlesen.

2. *Experimentelles Lautlesen.* Lernförderlich sind Übungsphasen, in denen zu zweit oder in der Kleingruppe laut gelesen wird. So können in wechselnden Konstellationen verschiedene Sprechweisen ausprobiert und Vorlesetechniken eingeübt werden. Sie setzen Aufgabenstellungen mit

einem breiten Spektrum an Gestaltungsweise voraus, z. B. wenn eine Dialogpassage als Live-Hörspiel inszeniert oder ein Ausschnitt aus einer Theaterszene auf unterschiedliche Weise erprobend gelesen wird (vgl. Lösener 2017, 55 ff.). Da die Aufmerksamkeit dabei auf Erfahrungen der Sprachwirksamkeit liegt, sollten die Gruppen ihre Ergebnisse vor der Klasse präsentieren können. Wie wirksam die eigene Lesegestaltung ist, erfährt man erst über die (wertschätzende) Reaktion der anderen.

3. *Sprechlesen.* Das Grundprinzip des Sprechlesens lautet »Lies, wie du sprichst!«. Sprechend lesen können Kinder von der ersten Klasse an, wenn sie schon beim Erstlesen zum Bilden von *Sprechgruppen* angeleitet werden. Die Sprechgruppe ist die kleinste performative Einheit der Sprache und besteht aus einem oder mehreren Wörtern (vgl. Drumbl/Zanin 2018, Lösener 2023). Diese »Leseportionen«, wie sie Elly Glinz nennt (Glinz 1997, 84), orientieren sich an der intuitiven Sinnschrittbildung im Sprechfluss, die beim lauten Lesen eigens gelernt werden muss. So könnte etwa der Anfang des Grimm'schen Märchens *Die drei Federn* folgendermaßen gegliedert werden:

> Es war einmal | ein König, | der hatte drei Söhne, | davon waren zwei | klug und gescheit, | aber der dritte | sprach nicht viel, | war einfältig | und hieß nur | der Dummling.

Beim langsamen Sprechen werden die durch die senkrechten Striche markierten Zäsuren als Pausen hörbar. Jede Sprechgruppe weist genau einen (meist kaum hörbaren) Gruppenakzent auf (Es WAR einmal | ein KÖnig | der hatte drei SÖHne ...). Erhöht sich die Zahl der Betonungen, entstehen neue Gruppen, wobei die Grenzen zwischen den Sprechgruppen bei erhöhter Sprechgeschwindigkeit verwischen:

der hatte drei SÖHne, | vs. der hatte DREI | SÖHne |

Neben Aspekten der Sprachrichtigkeit (Welche Betonungsmuster klingen »richtig« und sind typisch für das Deutsche?) geht es bei der Prosodie immer auch um Sprachwirksamkeit (Wie wirkt sich diese oder jene Art der Sprechgruppenbildung, der Stimmführung oder der Betonung auf die Sinnbildung aus?). Denn für so gut wie jeden Satz können unterschiedliche Einteilungen mit unterschiedlichen Wirkungen gebildet werden. Ausgehend von der Sprechgruppe als basaler prosodischer Einheit des Sprechens können je nach Schulstufe und Leistungsstand andere Aspekte der Intonation (Pausensetzung, Akzentuierung, Phrasierung) beim Lautlesen einbezogen werden und für die Entwicklung und Bewusstmachung von Verstehenszugängen genutzt werden, indem etwa unterschiedliche Sprechgestaltungen ausprobiert und mit Deutungen des Textes abgeglichen werden (vgl. Lösener/Mesch 2022).

4. *Theatrales Lautlesen.* Es gibt viele Verbindungen zwischen theatralem Spiel und lautem Lesen, besonders beim Vorlesen vor Publikum, wo im Vorfeld Überlegungen anzustellen sind in Bezug auf die Inszenierung des Raumes (Sitzordnung? Lichtverhältnisse und Akustik?), der Vortragsweise (Gestaltung von Erzähler- und Figurenrede?), der Körperlichkeit (Lesen im Stehen oder Sitzen? Mimik, Gestik und Bewegungen im Raum?) und der Interaktion mit den Zuhörern (Ablauf, Begrüßung, Blickkontakt und

Publikumsanrede, Applaus). Aber auch, wenn man einen Text nur für sich selbst laut liest, kommen unweigerlich theatralische Momente ins Spiel. Sobald ein Text akustisch vernehmbar wird, beginnt die eigene Stimme ein fremdes Sprechen mit seinen Emotionen und seinem Gestus zu *verkörpern*. Das Sich-Einlassen auf die unvermeidliche Theatralität des Vorlesens bedarf einer schrittweisen Anbahnung, da sich die Lernenden ansonsten in das monotone Lesen mit »Schulstimme« zurückziehen. Ohne Freude an und Mut zur Inszenierung kann kein lebendiger Lesevortrag entstehen.

Lehrkräfte ohne theaterpädagogische Vorbildung tendieren dazu, die Schülerinnen und Schüler schnell zu überfordern, wenn sie wirkungsvolle Gestaltungen beim Vorlesen einfordern, ohne zuvor eine theatrale Atmosphäre im Raum ermöglicht zu haben. Gut gemeinte Ratschläge wie »Lies ausdrucksvoll!«, »Mach mehr mit der Stimme!« oder »Trau dich was!« bewirken dann das Gegenteil von dem, was sie intendieren. Die Kinder und Jugendlichen fühlen sich verunsichert, empfinden die Situation als peinlich und blockieren. Auch hier liegt der Schlüssel in Aufwärmübungen, die das Vertrauen in die Gruppe und die Spielfreude der Teilnehmer wecken.

Dennoch gibt es Unterschiede zwischen Theaterspiel und Vorlesepräsentation. Das Vorlesen vor anderen kann Momente des dramatischen Spiels integrieren und sich sogar in eine regelrechte Theaterperformance verwandeln. Aber meistens bleibt der Vorlesende außerhalb der Geschichte; auch da, wo er die Stimmlichkeit der Figuren andeutet, wird die Grenze zwischen ihm als Vortragendem und den Figuren im Text nicht aufgehoben. Wer vorliest, kann hinter den Text zurücktreten und seine Rolle als Vermittler einer Erzählung in Erinnerung rufen (z. B. indem er einen Schluck aus einem Glas Wasser nimmt). Der *epische Gestus des Vorlesens* im Erzählton geht daher mit einer anderen Körperlichkeit einher als der *dramatisierende Gestus* des mit seiner Figur verschmolzenen Rezitators, der wie ein Schauspieler auf der Bühne agiert. Vorleseinszenierungen nutzen meistens beide Möglichkeiten in unterschiedlicher Dosierung, je nachdem, ob die Figuren in dialogischen Teilen eher präsentierend (im epischen Modus) oder aber imitierend (im dramatisierenden Modus) vorgestellt werden.

In jedem Fall ist eine Vorlesesituation eine Darstellungsleistung: Wer vorliest, setzt einen Text in Szene. Dafür bedarf es immer auch einer *minimalen Inszenierung* der Vorlesesituation selbst. Bei jüngeren Schülerinnen und Schülern können ein Vorlesestuhl oder ein Requisit (z. B. ein Hut oder eine Klingel) dabei helfen, die eigene Vorlesehaltung zu finden. Denn die ist nicht ohne Körperlichkeit zu haben. Profis vermeiden es, das Buch, aus dem sie vorlesen, mit beiden Händen festzuhalten. Zumindest eine Hand, die *Sprechhand*, begleitet die Sprechbewegung beiläufig und hilft bei der Setzung von Pausen und Betonungen. Das Lesen mit Sprechhand ist einfach zu erlernen, aber es braucht etwas Gewöhnung. Obwohl die meisten Kinder (und Erwachsenen) beim spontanen Sprechen ausdrucksvoll und selbstverständlich gestikulieren, fühlt es sich erst einmal fremd an, dies beim Lautlesen *willentlich* zu tun. Franziska Trischler empfiehlt daher spielerische Übungen als Einstieg, um die Freude am gestisch-mimischen Sprechen zu wecken und für dessen Möglichkeiten zu sensibilisieren (vgl. Trischler 2023).

5. *Reflektiertes Lautlesen.* »Ja, ich weiß, ich lese zu schnell. Das mache ich immer.« Das antworten häufig Studierende, wenn sie auf ihr gehetztes Lautlesetempo angesprochen werden. Die Aussage zeugt nicht nur von einer fehlenden Kontrolle über die eigene Lesegestaltung, sondern ist auch Ausdruck einer voreiligen Resignation (Ich weiß es, aber ich kann es nicht ändern). Solche Fehlhaltungen sind erworben und können deshalb auch korrigiert werden. Voraussetzung dafür ist die prosodische Bewusstmachung der eigenen Sprech- und Leseartikulation, die bereits in der Primarstufe einsetzen kann. Es genügt, das, was beim lauten Lesen geschieht, immer wieder auch zum Gegenstand *kurzer Reflexionsgespräche* zu machen: Wie kann sich ein vorgelesener Text *wie gesprochen* anhören? Was tun wir beim Sprechen? Was machen wir anders, wenn wir lesen? Wie lesen Leseprofis? Was machen die Hände beim Vorlesen, was die Stimme? Gloria Littwin hat in einer Studie gezeigt, wie auf diese Weise im Laufe eines Schuljahrs eine signifikante Steigerung der prosodischen Kompetenzen erreicht werden kann (vgl. Littwin 2018).

Dass das hörende Lesen mit der ersten Klasse beginnen sollte, steht nicht im Widerspruch zu der Tatsache, dass es sich gerade für den Umgang mit anspruchsvollen Texten eignet. Das zeigt sich beispielsweise bei der Arbeit mit denjenigen Erzählungen von Franz Kafka, in denen ein personaler Ich-Erzähler das Geschehen berichtet. Sie enthalten das, was man das *unsichtbare dramatische Werk Kafkas* nennen könnte, denn sie lassen sich von ihrem gestischen Sprechduktus her wie Theatermonologe in Ein-Personen-Stücken lesen und inszenieren.

Bereits Walter Benjamin hat darauf hingewiesen, »daß

Kafkas ganzes Werk einen Kodex von Gesten darstellt«, deren »symbolische Bedeutung« ungesichert und »in immer wieder anderen Zusammenhängen und Versuchsanordnungen« auszuloten ist (Benjamin 1981, 18). Das gilt auch für das kurze Erzählfragment *Der Steuermann*, dessen erste Sätze in der Manuskriptfassung (der Titel stammt von Max Brod) wie folgt lauten:

> »Bin ich nicht Steuermann?« rief ich. »Du?« fragte ein dunkler hochgewachsener Mann und strich sich mit der Hand über die Augen als verscheuche er einen Traum. (Kafka 1992, 324)

In dem kurzen Eingangsdialog, bei dem zwei Fragen unvermittelt aufeinandertreffen, vollzieht sich eine semantische Umwertung, die man »hören« muss, um sie zu bemerken. Denn das, worauf es ankommt, ist der Gestus, mit dem hier gesprochen wird. An sich könnten in dem Fragesatz »Bin ich nicht Steuermann?« ja ganz unterschiedliche Haltungen zum Ausdruck kommen (Selbstbewusstsein, Aggression, Humor, Verwunderung, Zweifel, Schuldbewusstsein etc.), wobei jede dieser Möglichkeiten mit prosodischen Varianten hinsichtlich der Sprechgruppenbildung und Betonung einhergeht. In dem Augenblick aber, in dem diese Frage auf das »Du?« des dunklen hochgewachsenen Mannes trifft, wird sie umgewertet. Die im Fragegestus vorgetragene Behauptung könnte auch ein unbegründeter Anspruch ohne jede Autorität sein, was der weitere Verlauf der Handlung nahelegt (vgl. Lösener 2001). Erlebbar wird diese Dynamik, wenn man die kurze Dialogsequenz (stehend) als Partnerübung im Turn-Around-Modus (also in einer Art Endlosschleife) spricht. Bei der weiteren, hörenden Erkundung des Textes können Indizien gesucht werden, die für oder gegen den in der Eingangsfrage formulierten Anspruch sprechen, um diese dann von Vertretern beider Parteien (des Ich-Erzählers und des Mannes) in einer Spielszene als »Anhörung vor dem Seegericht« vorzutragen und zu diskutieren (Lösener 2006, 313).

Das hörende Lesen drängt zur Theatralisierung, das gilt nicht nur für das Kafka-Beispiel, sondern für alle Leseexperimente, die im Hören das Verstehen suchen. Das Ohr ist das Organ für die Theatralität der Sprache; wo es ins Spiel kommt, wird die Sinnlichkeit des Sinns erfahrbar (vgl. Vellusig 2013b, Drumbl/Zanin 2018, Meschonnic 2021, 165 ff.). Die Verbindung von Hören und Sehen, Verstehen und Verkörpern in der Sprachlichkeit sollte Grund genug sein, um das theatrale Erfahrungslernen im Lese- und Literaturunterricht curricular zu verankern und die dafür benötigten Konzepte und Methoden weiterzuentwickeln.

IX Rückblick und Ausblick

Literarische Erfahrungen brauchen Artikulationserfahrungen. So könnte das Fazit dieses Bandes lauten. Tatsächlich steht diese Erkenntnis nicht am Ende, sondern am Anfang einer Didaktik der literarischen Erfahrungsbildung, deren Konturen sich erst abzuzeichnen beginnen. Dass literarische Erfahrungen durch Artikulation ermöglicht werden, liegt auf der Hand: Sie werden *in der* Sprache und *durch sie* gemacht, auch wenn sie, wie alle menschliche Erfahrung, über die Sprache hinausreichen. Sie beruhen auf der *Artikulationsleistung* eines Textes, dem es gelingt, aus Sätzen Personen werden zu lassen. Um dies wahrzunehmen, bedarf es der *Reartikulation*, der Wiederherstellung der Rede als eines Sprachereignisses im Prozess der Lektüre. Das Lesen muss zu einem Hören werden, in dem der Rhythmus und die Körperlichkeit, die Performativität und Sinnaktivität eines personalen Sprechens erlebbar wird. Wenn das Erleben in der Reflexion zum Bewusstsein kommen soll, muss aber eine weitere Sprachtätigkeit hinzukommen, die *Artikulation des Verstehens*. Wer einen Text liest, will ihn verstehen, indem er ihn sprechbar macht. Doch nicht alles, was sprechbar wird, ist auch schon verstanden. So wie die Erfahrung erst im Verstehen zu Bewusstsein kommt, wird das Verstehen seinerseits erst dann bewusst, wenn es sprachlich artikuliert wird.

Wer jemanden zu verstehen sucht, muss sich selbst in der Sprache zeigen und zum Ausdruck bringen, wie er ihn versteht, wahrnimmt, erlebt. Aus dieser Dualität ergibt sich ein weiteres konstitutives Moment literarischer Erfahrungen, das der *Begegnung*. Literarische Erfahrungen sind in mehrfacher Hinsicht intersubjektive Spracherfahrungen. So wird bei der hörenden und lesenden Reartikulation eines Textes *erstens* ein Subjekt erfahrbar: ein Erzähler, die Figuren einer Geschichte, Personen eines Theaterstücks oder ein lyrisches Ich im Gedicht. Wer einen literarischen Text liest, dem werden, wie Virginia Woolf anmerkt, wenn er seinen »Geist so weit wie möglich« öffnet, »schon im Hin und Her der ersten Sätze Winke und Zeichen von fast unmerklicher Feinheit [...] in die Gegenwart eines Menschen führen, der keinem anderen gleicht« (Woolf 1990, 307). Von dieser Erfahrung spricht auch Paul Celan, wenn er in seinen Aufzeichnungen zum *Meridian*, seiner Rede zur Verleihung des Büchner-Preises, notiert: »Wer, indem er sich dem Gedicht nähert, nicht zur Begegnung bereit ist, dem tut sich kein Gedicht auf« (Celan 1999, 191). Literarische Erfahrungen sind Begegnungserfahrungen. Das, was sie zu einer anthropologischen Universalie machen – auch schriftlose Kulturen haben Lieder, Gebete und Geschichten – sind weder Alliterationen noch Kreuzreime oder Stilfiguren, sondern die *sprachliche Erfahrbarkeit* menschlicher Subjektivität und subjektiver Lebenswirklichkeiten.

Sprache ermöglicht, erzeugt und verwandelt Intersubjektivität im dialogischen Wechselspiel von Rede und Gegenrede. Allerdings gibt es dabei eine entscheidende Einschränkung: Literarische Texte können in der Lektüre zwar Begegnungsqualität gewinnen, aber man kann nicht mit ihnen in einen Dialog treten. Der Text spricht, aber er antwortet nicht. Für die Verstehensbildung sind jedoch dialogische Prozesse unabdingbar. Literarische Erfahrungen werden daher *zweitens* zu Begegnungserfahrungen in der gesprächsförmigen Reflexion nach der Lektüre, im dialogischen Austausch mit einem oder mehreren Gesprächspartnern, die dem eigenen Verständnis Raum geben, es spiegeln und durch Rede und Gegenrede zur Präzisierung verhelfen. Je weiter die Erfahrungsbildung fortgeschritten ist, desto eher sind Schülerinnen und Schüler in der Lage, diese Arbeit am Verstehen selbständig zu leisten, *als reflexiven Denkprozess*. Wirkungsvoll unterstützt werden die dafür notwendigen Erwerbsprozesse durch die epistemische Funktion der Schriftlichkeit, im Sinne von Susan Sontags Diktum: »Ich schreibe, um zu verstehen, was ich denke« (Sontag 2013, 426.). Damit einher geht *drittens* als weitere, konstitutive Form der Begegnung die Selbstbegegnung, ohne die es kein Fremdverstehen geben kann. Denn das Verstehen des anderen erfordert ein *Sich-Mitverstehen im anderen*: Ich verstehe dich, insofern ich mich als anders und ähnlich wie du verstehe. Nur, wer sich dem Verstehen aussetzt, also im Verstehen exponiert, indem er sich als Person auf den anderen einlässt, kann in Beziehung zu ihm treten.

Welche didaktischen Konsequenzen ergeben sich aus diesen Aspekten für den Deutschunterricht? Zunächst einmal die, dass so gut wie alle Lernbereiche von der literarischen Erfahrungsbildung profitieren: das zuhörende Verstehen in mündlichen Erzähl- und Vorlesesituationen, das reflektierende Verstehen in literarischen Gesprächen, die verschiedenen Praktiken des hörenden Lesens bei Aufgaben und Übungen zum lauten und leisen Lesen und die epistemischen Formen des Schreibens für die Vergegenständlichung und Ausdifferenzierung bei der Elaboration des Verstehens. So vielfältig die dabei eingesetzten Arbeitsformen und methodischen Umsetzungen auch sein mögen, sie lassen sich unter dem Begriff der *Artikulationsübung* zusammenfassen. Gleichgültig, ob ein Text gelesen oder gehört wird, ob über ihn gesprochen oder geschrieben wird, ob er inszeniert oder parodiert wird, ob er in Teilen oder als Ganzes rezipiert wird, jede Form der Auseinandersetzung mit Texten, Gattungen oder sprachlichen Gestaltungsformen dient der Erweiterung der eigenen Artikulationsmöglichkeiten durch die Auseinandersetzung mit anderen Arten und Weisen der Artikulation. Insofern bedarf es keiner zusätzlichen Anstrengungen zur Integration des sprachlichen Lernens in den Literaturunterricht: das sprachliche Lernen ist seine eigentliche Aufgabe, die Artikulationsübung seine genuine Lernform. Die sich daraus ergebenden didaktischen Herausforderungen sind nicht zu unterschätzen, insbesondere was die Perspektivierung der Lernprozesse im Hinblick auf den Ausbau sprachlicher Potentiale angeht (vgl. Haueis/Lösener 2022). Lehrerinnen und Lehrer müssen wissen, welche Anforderungen das Verstehen eines literarischen Textes an sie selbst und an die Lernenden stellt und welche sprachlichen Lernchancen sich daraus ergeben. Sie müssen sich im Klaren sein, welche Wege des Verstehens sich bei jedem einzelnen Text eröffnen und wo sie hinführen. Und sie müssen entscheiden, welche Artikulationsübungen der »Ermöglichung, Erweiterung und Reflexion literarischer Erfahrung« (Rank 2012, 66) dienen. Das alles ist nur zu leisten, wenn die Lehrkräfte bei der Unterrichtsvorbereitung den Mut zum Selber-Verstehen aufbringen, den sie bei ihren Schülerinnen und Schülern fördern wollen. Dafür bedürfen sie der Fähigkeit zur Reflexion literarischer Erfahrungen und eines theoretischen Grundwissens, das ihnen Orientierung bei der Arbeit am Verstehen bietet. Denn eine solche Orientierung fordern auch die Schülerinnen und Schüler jeden Tag von ihnen.

Literaturverzeichnis

Abraham, Ulf (2010): Lesedidaktik und ästhetische Erfahrung: Lesen und Verstehen literarischer Texte. In: Frederking, Volker / Huneke, Hans-Werner / Krommer, Axel / Maier, Christel (Hrsg.): Taschenbuch des Deutschunterrichts. Bd. 2: Literatur- und Mediendidaktik. Baltmannsweiler: Schneider Hohengehren. S. 137–158.

Abraham, Ulf (2021): Literarisches Schreiben. Didaktische Grundlagen für den Unterricht. Stuttgart: Reclam.

Alewyn, Richard (1982): Eine Landschaft Eichendorffs [1957]. In: Ders.: Probleme und Gestalten. Essays. Frankfurt a. M.: Suhrkamp. S. 203–231.

Anz, Thomas (1998): Literatur und Lust. Glück und Unglück beim Lesen. München: Beck.

Aristoteles (1982): Poetik. Griechisch/Deutsch. Übers. und hrsg. von Manfred Fuhrmann. Stuttgart: Reclam.

Aristoteles (2011): Werke in deutscher Übersetzung. Bd. 5: Poetik. Übers. und erl. von Arbogast Schmitt. 2., durchges. und erg. Aufl. Berlin: Akademie Verlag.

Baasner, Frank / Zens, Maria (2005): Methoden und Modelle der Literaturwissenschaft. Eine Einführung. 3., überarb. und erw. Aufl. Berlin: Schmidt.

Baltscheit, Martin (2023): »Die wichtigste Übung heißt: Angst überwinden.« Fünf Fragen an Martin Baltscheit. In: Grundschule Deutsch. H. 78: Mut zum Vorlesen. Hrsg. von Hans Lösener und Karin Vach. S. 40–41.

Benjamin, Walter (1981): Benjamin über Kafka. Texte, Briefzeugnisse, Aufzeichnungen. Hrsg. von Hermann Schweppenhäuser. Frankfurt a. M.: Suhrkamp.

Bereiter, Carl (1980): Development in Writing. In: Gregg, Lee W. / Steinberg, Erwin R. (Hrsg.): Cognitive Processes in Writing. Hillsdale, NJ: Erlbaum. S. 73–93.

Birkmeyer, Jens (2013): Was sind gute Lernaufgaben? Die verborgene Relevanz von Fragen im Literaturunterricht. In: Frederking, Volker / Huneke, Hans-Werner / Krommer, Axel / Meier, Christel (Hrsg.): Taschenbuch des Deutschunterrichts. Bd. 3: Aktuelle Fragen der Deutschdidaktik. Baltmannsweiler: Schneider Hohengehren. S. 757–778.

Bischof-Köhler, Doris (2011): Soziale Entwicklung in Kindheit und Jugend. Bindung, Empathie, Theory of Mind. Stuttgart: Kohlhammer.

Böhme, Gernot (2010): Das Schöne und andere Atmosphären. In: Ders.: Anthropologie in pragmatischer Hinsicht. Überarb. und erw. Neuaufl. Bielefeld/Basel: Edition Sirius. S. 175–189.

Bräuer, Christoph / Rank, Bernhard (2008): Literarische Bildung durch literarische Erfahrung. In: Härle, Gerhard / Rank, Bernhard (Hrsg.): »Sich bilden, ist nichts anders, als frei werden.« Sprachliche und literarische Bildung als Herausforderung für den Deutschunterricht. Baltmannsweiler: Schneider Hohengehren. S. 63–87.

Bräuer, Christoph / Wiprächtiger-Geppert, Maja (2019): Literarische Erfahrung. In: Olsen, Ralph / Hochstadt, Christiane (Hrsg.): Handbuch Deutschunterricht und Inklusion. Weinheim/Basel: Beltz. S. 208–224.

Brecht, Bertolt (1995): Werke. Große kommentierte Berliner und Frankfurter Ausgabe. Hrsg. von Werner Hecht [u. a.]. Bd. 18: Prosa 3: Sammlungen und Dialoge. Weimar / Berlin / Frankfurt a. M.: Aufbau/Suhrkamp.

Brune, Carlo (2020): Literarästhetische Literalität: Literaturvermittlung im Spannungsfeld von Kompetenzorientierung und Bildungsideal. Bielefeld: transcript.

Bruner, Jerome (1997): Sinn, Kultur und Ich-Identität. Zur Kulturpsychologie des Sinns. Heidelberg: Carl-Auer-Systeme.

Budde, Monika (2012): Über Sprache reflektieren. Unterricht in sprachheterogenen Lerngruppen. Kassel: university press.

Bühler, Karl (1999): Sprachtheorie. Die Darstellungsfunktion der Sprache. Mit einem Geleitwort von Friedrich Kainz. 3. Aufl. Stuttgart: Lucius & Lucius.

Celan, Paul (1999): Der Meridian. Endfassung – Vorstufen – Materialien. Hrsg. von Bernhard Böschenstein und Heino Schmull. Tübinger Ausgabe. Frankfurt a. M.: Suhrkamp.

Deines, Stefan / Liptow, Jasper / Seel, Martin (2013): Kunst und Erfahrung. Eine theoretische Landkarte. In: Dies. (Hrsg.): Kunst und

Erfahrung. Beiträge zu einer philosophischen Kontroverse. Berlin: Suhrkamp. S. 7–37.

Dewey, John (2008): Demokratie und Erziehung: Eine Einleitung in die philosophische Pädagogik. Aus dem Engl. von Erich Hylla. Hrsg. von Jürgen Oelkers. Weinheim: Beltz.

Dörner, Dietrich (1976): Problemlösen als Informationsverarbeitung. Bern/Stuttgart/Wien: Kohlhammer.

Drumbl, Hans / Zanin, Renata (2018): Prosodie im Unterricht: hören, lernen, üben. In: Leseräume 5. H. 5. S. 41–58. – Online unter <http://leseräume.de/?page_id=815> (zuletzt aufgerufen am 23. 9. 2024).

Edzard, Dietz-Otto (2004): Geschichte Mesopotamiens. Von den Sumerern bis zu Alexander dem Großen. München: Beck.

Ehlich, Konrad (1983): Text und sprachliches Handeln. Die Entstehung von Texten aus dem Bedürfnis nach Überlieferung. In: Assmann, Aleida / Assmann, Jan / Hardmeier, Christof (Hrsg.): Schrift und Gedächtnis. Archäologie der literarischen Kommunikation 1. München: Fink. S. 24–43.

Enzensberger, Hans Magnus (1976): Bescheidener Vorschlag zum Schutze der Jugend vor den Erzeugnissen der Poesie. In: The German Quarterly 49. H. 4. S. 425–437. – Wiederabdr. in: Ders. (1988): Mittelmaß und Wahn. Gesammelte Zerstreuungen. Frankfurt a. M.: Suhrkamp. S. 23–41.

Erhart, Walter (2000): Mimesis. In: Reallexikon der deutschen Literaturwissenschaft. Neubearbeitung des Reallexikons der deutschen Literaturgeschichte. Bd. 2. Gemeinsam mit Georg Braungart [u. a.] hrsg. von Harald Fricke. Berlin / New York: de Gruyter. S. 595–600.

Feilke, Helmuth (1996): Sprache als soziale Gestalt. Ausdruck, Prägung und die Ordnung der sprachlichen Typik. Frankfurt a. M.: Suhrkamp.

Fix, Martin (2006): Texte schreiben. Schreibprozesse im Deutschunterricht. Paderborn: Schöningh.

Fontane, Theodor (2019): Irrungen, Wirrungen. Roman. Anm. von Frederick Betz und Philipp Böttcher. Nachw. von Philipp Böttcher. Stuttgart: Reclam.

Frank, Jessica / Lösener, Hans (2020): Staunen als Methode. Zur Funktion der Frage in forschenden Literaturgesprächen. In: Freudenberg, Ricarda / Lessing-Sattari, Marie (Hrsg.): Zur Rolle von Irritation und Staunen im Rahmen literarästhetischer Erfahrung. Theoretische Perspektiven, empiriebasierte Beobachtungen und praktische Implikationen. Berlin [u. a.]: Lang. S. 71–90.

Freudenberg, Ricarda (2012): Zur Rolle des Vorwissens beim Verstehen literarischer Texte. Eine qualitativ-empirische Untersuchung. Wiesbaden: VS Verlag für Sozialwissenschaften.

Fried, Erich (1983): Es ist was es ist. Liebesgedichte, Angstgedichte, Zorngedichte. Berlin: Wagenbach.

Fricke, Harald / Zymner, Rüdiger (2007): Einübung in die Literaturwissenschaft. Parodieren geht über Studieren. 5., überarb. und erw. Aufl. Paderborn: Schöningh.

Frühwald, Wolfgang (1984): Die Erneuerung des Mythos. Zu Eichendorffs Gedicht *Mondnacht*. In: Segebrecht, Wulf (Hrsg.): Gedichte und Interpretationen. Bd. 3: Klassik und Romantik. Stuttgart: Reclam. S. 395–407.

Garbe, Christine (2020): Lesekompetenz fördern. Stuttgart: Reclam.

Gaudig, Hugo (1904): Didaktische Ketzereien. Leipzig: Teubner.

Gerigk, Horst-Jürgen (2016): Lesendes Bewusstsein. Untersuchungen zur philosophischen Grundlage der Literaturwissenschaft. Berlin / Boston: de Gruyter.

Gernhardt, Robert (2008): Gesammelte Gedichte. 1954–2006. Frankfurt a. M.: Fischer.

Glinz, Elly (1997): Texte schreiben. In: Glinz, Elly / Glinz, Hans / Ramseier, Markus: Sprachunterricht. Theorie und Praxis. Grundlagen zum »Schweizer Sprachbuch«. Zürich: sabe. S. 98–141.

Gogolin, Ingrid (1994): Der monolinguale Habitus der multilingualen Schule. Münster / New York: Waxmann.

Goethe, Johann Wolfgang (1999): Die Leiden des jungen Werthers. Studienausgabe. Paralleldruck der Fassung von 1774 und 1787. Hrsg. von Matthias Luserke. Stuttgart: Reclam.

Grabes, Herbert (1978): Wie aus Sätzen Personen werden. Über die Erforschung literarischer Figuren. In: Poetica 10. S. 405–428.

Haas, Gerhard / Menzel, Wolfgang / Spinner, Kasper H. (1994):

Handlungs- und produktionsorientierter Literaturunterricht. In: Praxis Deutsch 21. H. 123. S. 17–25.
Hamburger, Käte (1980): Die Logik der Dichtung. Ungekürzte Ausg. nach der 3. Aufl. 1977. Frankfurt a. M. / Berlin / Wien: Ullstein.
Härle, Gerhard (2004): Lenken – Steuern – Leiten. In: Härle, Gerhard / Steinbrenner, Marcus (Hrsg.): Kein endgültiges Wort. Die Wiederentdeckung des Gesprächs im Literaturunterricht. Baltmannsweiler: Schneider Hohengehren. S. 107–140.
Haueis, Eduard (2004): Im toten Winkel: Leseförderung und Schriftspracherwerb. In: Härle, Gerhard / Rank, Bernhard (Hrsg.): Wege zum Lesen und zur Literatur. Baltmannsweiler: Schneider Hohengehren. S. 21–34.
Haueis, Eduard (2015): Die Alphabetschrift als Werkzeug zur Konstruktion virtueller Sprechweisen. In: sprechen 32. H. 60. S. 14–25.
Haueis, Eduard (2016): Ausbau von sprachlichen Potenzialen. Sozio- und Ontogenese in einer didaktischen Perspektive. Duisburg: Universitätsverlag Rhein-Ruhr.
Haueis, Eduard / Lösener, Hans (2022): Die sprechbare Schrift. Zur Sprachlichkeit des literarischen Lernens im Deutschunterricht. Berlin [u. a.]: Lang.
Havelock, Eric A. (1990): Schriftlichkeit. Das griechische Alphabet als kulturelle Revolution. Mit einer Einl. von Aleida und Jan Assmann. Weinheim: VCH Acta Humaniora.
Hebel, Johann Peter (1999): Schatzkästlein des rheinischen Hausfreundes. Kritische Gesamtausgabe mit den Kalender-Holzschnitten. Hrsg. von Winfried Theiß. Bibl. erg. Ausg. Stuttgart: Reclam.
Henrich, Dieter (1975): Ästhetische Perzeption und Personalität. In: Weinrich, Harald (Hrsg): Positionen der Negativität. München: Fink. S. 543–546.
Herrndorf, Wolfgang (2010): Tschick. Roman. Berlin: Rowohlt.
Hiecke, Robert Heinrich (1842): Der deutsche Unterricht auf deutschen Gymnasien. Ein pädagogischer Versuch. Leipzig: Eisenach.
Hirsch, Eric Donald (1972): Prinzipien der Interpretation. München: Fink.

Humboldt, Wilhelm von (1996): Ueber die Verschiedenheit des menschlichen Sprachbaues und ihren Einfluss auf die geistige Entwicklung des Menschengeschlechts [1830–1835]. In: Ders.: Werke in fünf Bänden. Bd. 3: Schriften zur Sprachphilosophie. Hrsg. von Andreas Flitner und Klaus Giel. Stuttgart: Cotta. S. 368–756.

Iser, Wolfgang (1991): Das Fiktive und das Imaginäre. Perspektiven literarischer Anthropologie. Frankfurt a. M.: Suhrkamp.

Jannidis, Fotis (2004): Figur und Person. Beitrag zu einer historischen Narratologie. Berlin / New York: de Gruyter.

Jannidis, Fotis (2013): Polyvalenz – Konvention – Autonomie. In: Ders. / Lauer, Gerhard / Martínez, Matías / Winko, Simone (Hrsg.): Regeln der Bedeutung. Zur Theorie der Bedeutung literarischer Texte. Berlin / New York: de Gruyter. S. 305–328.

Kafka, Franz (1992): Nachgelassene Schriften und Fragmente II. Apparatband. Hrsg. von Jost Schillemeit. Frankfurt a. M.: Fischer.

Keen, Suzanne (2007): Empathy and the Novel. Oxford [u. a.]: Oxford University Press.

Kindt, Tom (2015): Deskription und Interpretation. Handlungstheoretische und praxeologische Reflexionen zu einer grundlegenden Unterscheidung. In: Lessing-Sattari, Marie / Löhden, Maike / Meissner, Almuth / Wieser, Dorothee (Hrsg.): Interpretationskulturen. Literaturdidaktik und Literaturwissenschaft im Dialog über Theorie und Praxis des Interpretierens. Frankfurt a. M. [u. a.]: Lang. S. 93–112.

Klafki, Wolfgang (1962): Didaktische Analyse als Kern der Unterrichtsvorbereitung [1958]. In: Roth, Heinrich / Blumenthal, Alfred (Hrsg.): Grundlegende Aufsätze aus der Zeitschrift *Die Deutsche Schule*. Hannover: Schroedel. S. 5–34.

Knoll, Michael (2017): John Deweys pädagogischer Reformimpuls. In: Barz, Heiner (Hrsg.): Handbuch Reformpädagogik und Bildungsreform. Wiesbaden: Springer. S. 203–215.

Koch, Peter / Oesterreicher, Wulf (1996): Sprachwandel und expressive Mündlichkeit. In: Zeitschrift für Literaturwissenschaft und Linguistik 26. H. 102. S. 64–96.

Langer, Susanne K. (1984): Philosophie auf neuem Wege. Das Sym-

bol im Denken, im Ritus und in der Kunst. Aus dem Amerikan. von Ada Löwith. Frankfurt a. M.: Fischer.
Lehmann, Harry (2016): Gehaltsästhetik. Eine Kunstphilosophie. Paderborn: Fink.
Lessing, Gotthold Ephraim (2012): Laokoon oder Über die Grenzen der Malerei und Poesie. Studienausgabe. Hrsg. von Friedrich Vollhardt. Stuttgart: Reclam.
Lindner, Alexander (2017): Lesen, was der Text verschweigt: Von der Leerstelle zur Unbestimmtheitserfahrung. Baltmannsweiler: Schneider Hohengehren.
Littwin, Gloria (2018): Auf dem Weg zu einer Didaktik des Vorlesens. In: Leseräume 5. H. 5. S. 59–81. – Online unter <https://leseräume.de/?page_id=815> (zuletzt aufgerufen am 23. 9. 2024).
Lösener, Hans (1999): Der Rhythmus in der Rede. Linguistische und literaturwissenschaftliche Aspekte des Sprachrhythmus. Tübingen: Niemeyer.
Lösener, Hans (2001): Wer ist der Steuermann? Annäherungen an eine Erzählung von Franz Kafka. In: Wirkendes Wort 51. S. 388–400.
Lösener, Hans (2006): Zwischen Wort und Wort. Interpretation und Textanalyse. Paderborn: Fink.
Lösener, Hans (2009): Gedichtanalyse als didaktisches Problem. Gibt es eine Alternative zur Form-Inhalt-Interpretation? In: OBST – Osnabrücker Beiträge zur Sprachtheorie. H. 76: Ästhetik der Sprache – Sprache der Ästhetik. Hrsg. von Eduard Haueis und Peter Klotz. S. 85–105. Zitiert nach der Online-Fassung <http://sprachtheorie.de/wp-content/uploads/2014/06/obst7607loesener.pdf> (zuletzt aufgerufen am 23. 9. 2024).
Lösener, Hans (2017): Gegenstimmen. Eine Dramendidaktik. Mit Leseübungen zu Szenen aus Brechts *Furcht und Elend des Dritten Reiches*. Baltmannsweiler: Schneider Hohengehren.
Lösener, Hans (2020): Unter Ausschluss der Poetik. Literaturtheoretische Prämissen bei der Aufgabenkonstruktion. In: Mitteilungen des Deutschen Germanistenverbandes 67. H. 2: Prüfungsformate. Hrsg. von Torsten Mergen. S. 136–149.
Lösener, Hans (2023): Vorleseleistungen bewerten – geht das über-

haupt? Einige Kriterien für die Entwicklung von Vorlesekompetenzen. In: Grundschule Deutsch. H. 78: Mut zum Vorlesen. Hrsg. von Hans Lösener und Karin Vach. S. 11–13.

Lösener, Hans / Ludwig, Otto (2007): Geschichte des Schulaufsatzes in Beispielen. Ein Arbeitsbuch. Baltmannsweiler: Schneider Hohengehren.

Lösener, Hans / Mesch, Birgit (2022): Auf der Suche nach der *actio* im Text. Prosodisches Lesen im Literaturunterricht. In: Der Deutschunterricht 74. H. 1. S. 62–70.

Lösener, Hans / Siebauer, Ulrike (2016): Die Frage nach dem Sinn. Zur Entwicklung von Frageperspektiven in literarischen Gesprächen. In: Mitterer, Nicola / Nagy, Hajnalka / Wintersteiner, Werner (Hrsg.): Die Ansprüche der Literatur als Herausforderung für den Literaturunterricht. Theoretische Perspektiven der Literaturdidaktik. Frankfurt a. M. [u. a.]: Lang. S. 185–205.

Lösener, Hans / Siebauer Ulrike (2021): hochform@lyrik. Konzepte und Ideen für einen erfahrungsorientierten Lyrikunterricht. 3., überarb. Aufl. Regensburg: edition vulpes.

Ludwig, Otto (1980): Funktionen geschriebener Sprache und ihr Zusammenhang mit Funktionen der gesprochenen und inneren Sprache. In: Zeitschrift für germanistische Linguistik 8. S. 74–92.

Maas, Utz (2008): Sprache und Sprachen in der Migrationsgesellschaft. Die schriftkulturelle Dimension. Göttingen: V&R unipress.

Maas, Utz (2014): Was ist deutsch? Die Entwicklung der sprachlichen Verhältnisse in Deutschland. 2., überarb. und erw. Aufl.: München: Fink.

Magirius, Marco / Scherf, Daniel / Steinmetz, Michael (2021): Lernförderliche Gespräche im Literaturunterricht: Zur Identifikation klärungswürdiger Fragen und lernunterstützenden Lehrerhandelns. In: Leseräume 8. H. 7. S. 1–21. – Online unter <https://leseräume.de/?page_id=1058> (zuletzt aufgerufen am 23. 9. 2024).

Matuschek, Stefan (1991): Über das Staunen. Eine ideengeschichtliche Analyse. Tübingen: Niemeyer.

Mergen, Torsten (2022): Ästhetische Bildung, Handlungsorientierung und Demokratieerfahrung. Einflüsse John Deweys auf den handlungs- und produktionsorientierten Literaturunterricht. In: Busch, Matthias / Wegner, Anke (Hrsg.): Bildung und Demokratie im 20. Jahrhundert. Perspektiven bildungsgeschichtlicher Fachunterrichtsforschung. Frankfurt a. M.: Wochenschau Verlag. S. 82–91.

Merkel, Johannes (2000): Spielen, Erzählen, Phantasieren. Die Sprache der inneren Welt. München: Kunstmann.

Meschonnic, Henri (1982): Critique du rythme. Anthropologie historique du langage. Paris: Editions Verdier.

Meschonnic, Henri (2021): Ethik und Politik des Übersetzens. Aus dem Frz. von Béatrice Costa. Berlin: Matthes & Seitz.

Mitterer, Nicola / Wintersteiner, Werner (2015): Literarische Erfahrung. Ästhetischer Modus und literarisches Lernen. In: Leseräume 2. H. 2. S. 96–108. – Online unter <https://leseräume.de/?page_id=308> (zuletzt aufgerufen am 23. 9. 2024).

Muth, Ludwig (1996): Leseglück als Flow-Erlebnis. In: Bellebaum, Alfred / Muth, Ludwig (Hrsg.): Leseglück. Eine vergessene Erfahrung? Opladen: Westdeutscher Verlag. S. 57–81.

Neubert, Stefan (2004): Pragmatismus – thematische Vielfalt in Deweys Philosophie und in ihrer heutigen Rezeption. In: Hickman, Larry A. / Neubert, Stefan / Reich, Kerstin (Hrsg.): John Dewey. Zwischen Pragmatismus und Konstruktivismus. Münster [u. a.]: Waxmann. S. 13–27. – Online unter <www.hf.uni-koeln.de/data/dewey/File/Neubert_Einfuehrung.pdf> (zuletzt aufgerufen am 23. 9. 2024).

Ong, Walter J. (1987): Oralität und Literalität. Die Technologisierung des Wortes. Opladen: Westdeutscher Verlag.

Ortner, Hanspeter (1995): Die Sprache als Produktivkraft. Das (epistemisch-heuristische) Schreiben aus der Sicht der Piagetschen Kognitionspsychologie. In: Baurmann, Jürgen / Weingarten, Rüdiger (Hrsg.): Schreiben. Prozesse, Prozeduren und Produkte. Opladen: Westdeutscher Verlag. S. 320–364.

Petersen, Jürgen H. (2000): Mimesis – Imitatio – Nachahmung. Eine Geschichte der europäischen Poetik. München: Fink.

Pohl, Thorsten / Thorsten Steinhoff (2010): Textformen als Lernformen. In: Dies. (Hrsg.): Textformen als Lernformen. Duisburg: Gilles & Francke. S. 5–26.

Rank, Bernhard (2012): Jürg Schubiger. Kinderliteratur der Nachdenklichkeit. Interpretationen und Unterrichtsvorschläge für die Grundschule und Sekundarstufe I. Baltmannsweiler: Schneider Hohengehren.

Reemtsma, Jan Philipp (2016): Was heißt: einen literarischen Text interpretieren? Voraussetzungen und Implikationen des Redens über Literatur. München: Beck.

Rilke, Rainer Maria (2015): Gesammelte Werke. Hrsg. von Annemarie Post-Martens und Gunter Martens. Stuttgart: Reclam.

Rödel, Michael (2018): Interpretationsaufsätze schreiben. Ein Handbuch. 2., aktual. Aufl. Baltmannsweiler: Schneider Hohengehren.

Rosebrock, Cornelia / Nix, Daniel / Rieckmann, Carola / Gold, Andreas (2011): Leseflüssigkeit fördern. Lautleseverfahren für die Primar- und Sekundarstufe. Seelze: Kallmeyer.

Roth, Heinrich (1963): Pädagogische Psychologie des Lehrens und Lernens. Hannover: Schroedel.

Ruf, Urs / Gallin, Peter (2011): Dialogisches Lernen in Sprache und Mathematik. Bd. 1: Austausch unter Ungleichen. Grundzüge einer interaktiven und fächerübergreifenden Didaktik. 4. Aufl. Seelze: Kallmeyer.

Schlaffer, Heinz (1985): Ursprung, Ende und Fortgang der Interpretation. In: Stötzel, Georg (Hrsg.): Germanistik – Forschungsstand und Perspektiven. Vorträge des Deutschen Germanistentages 1984. Tl. 2. Berlin / New York: de Gruyter. S. 385–397.

Schlaffer, Heinz (1990): Poesie und Wissen. Die Entstehung des ästhetischen Bewußtseins und der philologischen Erkenntnis. Frankfurt a. M.: Suhrkamp.

Schmitz, Hermann (2015): selbst sein. Über Identität, Subjektivität und Personalität. Freiburg i. Br. / München: Alber.

Schwanitz, Dietrich (1995): Der Campus. Roman. Frankfurt a. M.: Eichborn.

Schwitalla, Johannes (1997): Gesprochenes Deutsch. Eine Einführung. Berlin: Schmidt.

Seel, Martin (2007): Ästhetik und Hermeneutik. Gegen eine voreilige Verabschiedung. In: Ders.: Die Macht des Erscheinens. Texte zur Ästhetik. Frankfurt a. M.: Suhrkamp. S. 27–38.

Siebauer, Ulrike (2015): Das Wechselspiel von subjektiver Involviertheit und genauer Textwahrnehmung – Anmerkungen zu einer bildungsbedeutsamen Beziehung. In: Leseräume 2. H. 2. S. 129–139. – Online unter <https://leseräume.de/?page_id=308> (zuletzt aufgerufen am 23. 9. 2024).
Sontag, Susan (2008): Gegen Interpretation [1964]. In: Kindt, Tom / Köppe, Tilmann (Hrsg.): Moderne Interpretationstheorien. Ein Reader. Göttingen: Vandenhoeck & Ruprecht. S. 176–189.
Sontag, Susan (2013): Ich schreibe, um zu verstehen, was ich denke. Tagebücher 1964–1980. München: Hanser.
Spaemann, Robert (2010): Whitehead oder: Welche Erfahrungen lehren uns die Welt verstehen? (1983). In: Ders.: Schritte über uns hinaus. Gesammelte Reden und Aufsätze I. Stuttgart: Klett-Cotta. S. 171–188.
Spaemann, Robert (2012): Unter welchen Umständen kann man noch von Fortschritt sprechen? In: Ders.: Philosophische Essays. Bibl. erg. Aufl. Stuttgart: Reclam. S. 130–150.
Spinner, Kaspar H. (1992): Sokratisches Lehren und die Dialektik der Aufklärung. Zur Kritik des fragend-entwickelnden Unterrichtsgesprächs. In: Deutsche Demokratische Schule 23. H. 126. S. 309–321.
Spinner, Kaspar H. (2022): Literarisches Lernen. Aufsätze. Mit einem Nachw. von Hans Lösener. Stuttgart: Reclam.
Steinbrenner, Marcus / Wiprächtiger-Geppert, Maja (2006): Verstehen und Nicht-Verstehen im Gespräch. Das Heidelberger Modell des Literarischen Unterrichtsgesprächs. In: Literatur im Unterricht 7. H. 3. S. 227–241. – Online unter <www.leseforum.ch/archiv.cfm?issue=3&year=2010> (zuletzt aufgerufen am 23. 9. 2024).
Stetter, Christian (1999): Schrift und Sprache. Frankfurt a. M.: Suhrkamp.
Stiller, Tanja (2017): Literarästhetische Verstehenskompetenz in der Grundschule. Baltmannsweiler: Schneider Hohengehren.
Szondi, Peter (1978): Über philologische Erkenntnis. In: Ders.: Schriften I. Frankfurt a. M.: Suhrkamp. S. 263–286.
Tan, Ed S.-H. (1994): Film-Induced Affect as a Witness Emotion. In: Poetics 23. S. 7–32.
Ter-Nedden, Gisbert (1979): Über die Wiederkehr poetischer Fiktio-

nen in Interpretationen. Eine Fallstudie zur literaturwissenschaftlichen Rezeptionsforschung. In: Soeffner, Hans-Georg (Hrsg.): Interpretative Verfahren in den Sozial- und Textwissenschaften. Stuttgart: Metzler. S. 288–299.

Ter-Nedden, Gisbert (1983): Brechts fiktive Lehren. Didaktische Poesie als hermeneutisches Problem am Beispiel der Keuner-Geschichten. In: Peschel, Dietmar (Hrsg.): Germanistik in Erlangen. Hundert Jahre nach der Gründung des Deutschen Seminars. Erlangen: Universitätsbibliothek. S. 365–388. – Gekürzte Wiederveröffentlichung in: Elm, Theo / Hiebel, Hans H. (Hrsg.) (1986): Die Parabel. Parabolische Formen in der deutschen Dichtung des 20. Jahrhunderts. Frankfurt a. M.: Suhrkamp. S. 269–294.

Ter-Nedden, Gisbert (1987): Leseübungen. Einführung in die Theorie und Praxis der literarischen Hermeneutik. Studienbrief. Hagen: Fernuniversität Hagen.

Ter-Nedden, Gisbert (1994): Fabeln und Parabeln zwischen Rede und Schrift. In: Elm, Theo / Hasubek, Peter (Hrsg.): Fabel und Parabel. Kulturgeschichtliche Prozesse im 18. Jahrhundert. München: Fink. S. 67–107.

Ter-Nedden, Gisbert (1997/98): Die Unlust zu fabulieren und der Geist der Schrift. Medienhistorische Fußnoten zur Krise des Erzählens im 18. Jahrhundert. In Jahrbuch der Jean-Paul-Gesellschaft 32/33. S. 191–220.

Ter-Nedden, Gisbert (2003): Charakterprobleme. Philologische Psychologismus-Kritik der Jahrhundertwende – eine wissenschaftsgeschichtliche Erinnerung in systematischer Absicht. In: Wiesinger, Peter / Derkits, Hans (Hrsg.): Akten des X. Internationalen Germanistenkongresses Wien 2000. »Zeitenwende – Die Germanistik auf dem Weg vom 20. ins 21. Jahrhundert«. Bd. 10: Literatur und Psychologie. Bern [u. a.]: Lang. S. 235–243.

Trischler, Franziska (2023): Ausdrucksstark vorlesen. Innere Bilder hörbar machen. In: Grundschule Deutsch. H. 78: Mut zum Vorlesen. Hrsg. von Hans Lösener und Karin Vach. S. 24–25.

Vellusig, Robert (2013a): Das Erlebnis und die Dichtung. Studien zur Anthropologie und Mediengeschichte des Erzählens. Göttingen: Wallstein.

Vellusig, Robert (2013b): Texte zum Sprechen bringen. Über philologische und ästhetische Erkenntnis. In: Knaller, Susanne / Pichler, Doris (Hrsg.): Literaturwissenschaft heute. Gegenstand, Positionen, Relevanz. Göttingen: V&R unipress. S. 239–266.

Vellusig, Robert (2015): »Na hearns, Sie san ma oba ka Hüf!« Über die Schulung des poetischen Sinns. In: Hofmeister, Wernfried / Schwinghammer, Ylva (Hrsg.): Literatur-Erlebnisse. Aktuelle didaktische Konzepte und Reflexionen zur Vermittlung deutschsprachiger Texte zwischen Mittelalter und Gegenwart. Frankfurt a. M. [u. a.]: Lang. S. 351–362.

Waldmann, Günter (1998): Produktiver Umgang mit Literatur im Unterricht. Grundriß einer produktiven Hermeneutik. Theorie, Didaktik, Verfahren, Modelle. Baltmannsweiler: Schneider Hohengehren.

Walton, Kendall L. (1990): Mimesis as Make-Believe. On the Foundations of the Representational Arts. Cambridge, MA / London: Harvard University Press.

Weber, Dietrich (1998): Erzählliteratur. Schriftwerk, Kunstwerk, Erzählwerk. Göttingen: Vandenhoeck & Ruprecht.

Weimar, Klaus (1997): Diegesis. In: Reallexikon der deutschen Literaturwissenschaft. Neubearbeitung des Reallexikons der deutschen Literaturgeschichte. Bd. 1. Gemeinsam mit Harald Fricke [u. a.] hrsg. von Klaus Weimar. Berlin / New York: de Gruyter. S. 360–363.

Wiesing, Lambert (2009): Das Mich der Wahrnehmung. Eine Autopsie. Frankfurt a. M.: Suhrkamp.

Wolf, Werner (2013): Aesthetic Illusion. In: Ders. / Bernhart, Walter / Mahler, Andreas (Hrsg.): Immersion and Distance. Aesthetic Illusion in Literature and Other Media. Amsterdam / New York: Rodopi. S. 1–63.

Woolf, Virginia (1990): Wie sollte man ein Buch lesen [1932]. In: Dies.: Der gewöhnliche Leser. Essays. Bd. 2. Hrsg. von Klaus Reichert. Frankfurt a. M.: Fischer. S. 306–319.

Zabka, Thomas (2010): Ästhetische Bildung. In: Frederking, Volker / Huneke, Hans-Werner / Krommer, Axel / Maier, Christel (Hrsg.): Taschenbuch des Deutschunterrichts. Bd. 2: Literatur- und Mediendidaktik. Baltmannsweiler: Schneider Hohengehren. S. 452–468.

Zabka, Thomas (2012): Didaktische Analyse literarischer Texte. Theoretische Überlegungen zu einer Lehrerkompetenz. In: Frickel, Daniela A. / Kammler, Clemens / Rupp, Gerhard (Hrsg.): Literaturdidaktik im Zeichen von Kompetenzorientierung und Empirie. Perspektiven und Probleme. Freiburg i. Br.: Fillibach. S. 139–162.

Zabka, Thomas (2015): Konversation oder Interpretation? Überlegungen zum Gespräch im Literaturunterricht. In: Leseräume 2. H. 2. S. 129–139. – Online unter <https://leseräume.de/?page_id=308> (zuletzt aufgerufen am 23. 9. 2024).

Zabka, Thomas (2020): Gespräche über Literatur. In: Praxis Deutsch 47. H. 280. S. 4–11.

Zabka, Thomas (2021): Herr Keuner und das Parabelverstehen. Zur Analyse und Kritik von Interpretationsnormen. In: Brenz, Lydia / Pflugmacher, Torsten (Hrsg.): Normativität und literarisches Verstehen. Interdisziplinäre Perspektiven auf Literaturvermittlung. Berlin [u. a.]: Lang. S. 69–81.

Zabka, Thomas / Winkler, Iris / Wieser, Dorothee / Pieper, Irene (2022): Studienbuch Literaturunterricht. Unterrichtspraxis analysieren, reflektieren und gestalten. Hannover: Klett Kallmayer.

Zunshine, Lisa (2006): Why We Read Fiction. Theory of Mind and the Novel. Columbus: Ohio State University Press.

Textnachweise

S. 41 Erich Fried: Es ist was es ist. In: E. F.: Es ist was es ist. Liebesgedichte, Angstgedichte, Zorngedichte. Berlin: Wagenbach, 1983. S. 43. – © 1983, 1994, 1996 Verlag Klaus Wagenbach, Berlin.

S. 44 Robert Gernhardt: Verdrehter Kopf. In: R. G.: Gesammelte Gedichte. 1954–2006. Frankfurt a. M.: Fischer, 2008. S. 306. – © S. Fischer Verlag GmbH, Frankfurt am Main 2008.

S. 53 Bertolt Brecht: Das Wiedersehen. In: B. B.: Werke. Große kommentierte Berliner und Frankfurter Ausgabe. Hrsg. von Werner Hecht [u. a.]. Bd. 18: Prosa 3: Sammlungen und Dialoge. Berlin / Weimar / Frankfurt a. M.: Aufbau / Suhrkamp, 1995. S. 21. – © Bertolt-Brecht-Erben / Suhrkamp-Verlag 1995.

S. 58 f. Dietrich Schwanitz: Der Campus. Roman. Frankfurt a. M.: Eichborn, 1995.

S. 62 f. Gisbert Ter-Nedden: Leseübungen. Einführung in die Theorie und Praxis der literarischen Hermeneutik. Studienbrief. Hagen: Fernuniversität Hagen, 1987. S. 36. – Mit Genehmigung der Fernuniversität Hagen

S. 118 f. Bertolt Brecht: Der hilflose Knabe. In: B. B.: Werke. Große kommentierte Berliner und Frankfurter Ausgabe. Hrsg. von Werner Hecht [u. a.]. Bd. 18: Prosa 3: Sammlungen und Dialoge. Berlin / Weimar / Frankfurt a. M.: Aufbau / Suhrkamp, 1995. S. 438. – © Bertolt-Brecht-Erben / Suhrkamp-Verlag 1995.

Zu den Autoren

HANS LÖSENER, Jahrgang 1964, Studium der Germanistik, Romanistik und der Geschichtswissenschaft in Marburg, Montpellier und Freiburg, Promotion 1997 zum Sprachrhythmus in Texten (*Der Rhythmus in der Rede*, 1999), Habilitation 2004 zu Problemen der literarischen Interpretation (*Zwischen Wort und Wort*, 2004). Arbeitet und lehrt seit 2009 als Professor für deutsche Sprache und Literatur und ihre Didaktik an der Pädagogischen Hochschule Heidelberg. Seine Arbeits- und Forschungsschwerpunkten liegen in der Literatur- und Lesedidaktik.

ROBERT VELLUSIG, Jahrgang 1965, Studium der Germanistik und Romanistik an der Universität Graz, Promotion 1999 mit einer Arbeit zur Briefkultur des 18. Jahrhunderts (*Schriftliche Gespräche*, 2000), Habilitation 2011 mit Studien zur Anthropologie und Mediengeschichte des Erzählens (*Das Erlebnis und die Dichtung*, 2013). Arbeitet und lehrt als Professor für Neuere deutsche Literatur an der Universität Graz. Zu seinen Forschungsschwerpunkten zählen unter anderem die Theorie und Geschichte des Briefs und des Briefromans, die Anthropologie und Medienästhetik des Erzählens und der Komik sowie Fragen der Literaturtheorie, Ästhetik und Interpretation. Ein besonderes Interesse gilt dem Werk und der Wirkungsgeschichte Gotthold Ephraim Lessings (als Hrsg.: Gisbert Ter-Nedden: *Der fremde Lessing*, 2016; *Lessing und die Folgen*, 2023).